U0126822

連橫年表新編

江寶釵◎編纂

臺灣學生書局 印行

本書為國科會計畫

「**傳統性、現代性與殖民性──連雅堂文學校注
與研究**」（NSC 96-2411-H-194-028-）之研究成果
並獲科技部人文社會中心「補助期刊審查專書書
稿」推薦

目次

編修凡例

一、本年表編修連橫之生平、行誼、活動與創作成果，若有收佚作品，一律存其篇名，略述其大概，或列於本文，或編入當頁注；得繫日月者，則繫日月。不得者，繫春夏秋冬。又不得者，僅繫年，置於該年最末。

二、紀年月皆從國曆。鄭喜夫《連雅堂先生年譜》以國曆為主，少數同時標明國、農曆，偶亦有紀農曆而未註國曆者。本年表一以國曆標誌，不另作說明。蓋連橫自繫其作品年月，多為國曆，偶從農曆，今取其前者。

三、本年表大量倚重《臺灣日日新報》、《詩報》、《三六九小報》、《臺灣民報》相關之刊載。大凡雅堂發表於報刊之作品，署名頗不相同，或名或字或號，兼而並用，本年表皆從其原貌，以示其名字號使用狀況。

四、本年表參考近人著作，以鄭喜夫《雅堂先生年譜》、黃美玲《連雅堂文學研究》、林文月《青山青史：連雅堂傳》三種為主要。凡與鄭喜夫相關者，條目前綴「◆」；與黃美玲相關者，綴「＊」；與林文月相關者，綴「※」。不復另作引注滋贅。

五、林文月為連橫後裔（外孫女），《青山青史：連雅堂傳》所述內容，頗多褒揚與「為賢者隱」者，應視為其家族立場。本年表旨在完密史料文獻，若有引述，皆以「按語」說明之，不作進一步考釋；其虛或實，有請讀者另行求證其他客觀資料。

代序
青山依舊在？──連橫生平著作大略

　　連橫（1878-1936），初名允斌，字武公，[1]號慕陶、雅堂，雅堂亦署雅棠；又號劍花，臺南市人。其哲嗣震東曾於連橫弱冠時自擬譜系之末題註云，其父時正逢父亡國敗之慟，當日署用「慕陶」，殆為心慕陶潛避世全生之意也。不旋踵，連橫負笈申滬，思欲學成而膺大任，遂棄捨「慕陶」之號。

　　「劍花」之號，應係來自連橫對劍與花兩種屬性大不相同的物件的愛好，劍之剛，花之柔，剛柔相濟，正是文武雙全之「斌」的響應。據胡殿鵬《南溟隨筆》所述：「（雅堂）先生嘗蓄一劍，故有是號。」連橫的作品中屢出現「劍」字，如「漂泊風塵看劍老」等。除了愛劍，連橫也愛花，〈過故居記〉裡他說自己：「吾家固多花卉。抹麗（茉莉）盛時，每日可采一籃以餉親友。而余又愛花，庭隅路畔，植之幾無隙地。」其〈種花〉七絕句云：「一年無事祇種花，萬紫千紅自足誇。」另，劍與花這兩物在象意傳統上皆與「筆」有關，傳說李白少年時夢見筆

---

[1] 「武公」為連橫之字或號，稍見爭議。連震東撰〈連雅堂傳〉：「連橫，字武公，號雅堂。」《台南市志·連橫傳》：「連橫初名允斌，譜名重送，字雅堂，號慕陶。及長，改名橫，字天縱，一字武公，又號劍花。」張力中〈連橫名字及其里籍辨正〉持反對的看法，他認為「『武公』之稱，實為連橫之號，並非其字。」筆者以為昔人取「字」與其命「名」之間，密切關聯，或為比此同義、反義，或相互闡釋，或引自古代經典等等，連橫初名「允斌」，意謂文武兼備；再取「武公」為字，或係連橫表現其棄文從武或欲於世變中建功國家、流澤人民之心願。因而，此地仍採連震東〈連雅堂傳〉之說，以武公為其字。

頭生花，從此才華橫溢。揮筆之力亦可喻為舞劍之勢，兩者都蘊含著以文章興國救世的意圖，正是連橫「青山青史」之所繫，這也就是為什麼他用以為號，並榜其書齋為「劍花室」的原因。

乙未割臺後，明治三十年（1897），連橫負笈上海聖約翰大學學習俄文，因母親催其完婚，棄學歸臺。明治三十二年（1899）主持《臺澎日報》漢文部。同年，《臺澎日報》與《新聞臺灣》合併為《臺南新報》，續任筆政。明治三十五年（1902）以捐監生之名義，參加福州鄉試，不中，遂移廈門主《鷺江報》筆政。明治三十八年（1905）赴廈門，創《福建日日新報》，並任漢文部主筆。同年，報館倒閉，返臺後，繼續任職《臺南新報》。翌年，創辦南社（1906）。明治四十一年（1908），連橫遷居臺中，入住瑞軒，受聘為林家書記，或在此時，轉任臺中《臺灣新聞》漢文部筆政，並開始撰寫《臺灣通史》。隔年（1909）受邀入櫟社，與以道德文章相切磋。則「櫟社」的創設實與連橫無關。連震東〈雅堂先生家傳〉謂明治四十二年（1909）連橫與林癡仙、賴悔之、林南強等人創「櫟社」云云，[2]並非事實。這很可能是連橫創南社的記憶誤衍。連震東生於明治三十七年（1904），所記或聞諸他人，以致錯誤。大正元年（1912），連橫再赴中國，並獲選為華僑國會議員，後入《新吉林報》工作（1913）。大正三年（1914）2月11日，雅堂申請「回復」中華民國國籍，其後獲主持清史館的趙爾巽延聘，擴大他對臺灣建省史料的蒐集。同年年底返臺，任職《臺南新報》。大正八年（1919）移居臺北，受聘為華南銀行發起人林熊徵之記事，協

2　連震東，〈雅堂先生家傳〉，連橫，《臺灣通史》（臺北：成文，1983），頁1052。

助處理與南洋華僑股東往返的文牘。大正九年（1920），《臺灣通史》由臺灣通史社出版。昭和二年[3]（1927，一說為昭和三年），與友人辦理「雅堂書局」，設漢學研究會。次年，不堪賠累，書局關閉。大正十三年（1924），創刊《詩薈》，發行 22 期，於次年 1 月告停。昭和五年（1930），《三六九小報》創刊於臺南，連橫參與編輯，並從第 35 號開始，以專欄「臺灣語講座」連載他於昭和四年（1929）開始撰寫的「臺語考解」。翌年 3 月 2 日，或謂迫於經濟壓力，遂於《臺灣日日新報》上發表配合日府鴉片政策之文章，謂臺灣人之吸食阿片，以除瘴熱，是為勤勞，而非懶散。「**榛莽未伐，瘴毒披猖，患者輒死，惟吸食阿片者可以倖免，此則風土氣候之關係，而居住者不得不吸食阿片。**」[4]俗稱其文為「鴉片有益論」。此文一出，全臺輿論譁然，責其媚日無恥。櫟社亦因此開除連橫之會籍。翌年，返回臺南，借寓友人家中。復因生活無繼，於昭和八年（1933）移居中國，昭和十一年（1936）因肝癌病逝於上海。

　　連橫一生成就的累積，在他的著作。他深具歷史的關懷，為人所津津樂道的三本著作：《臺灣通史》、《臺灣詩乘》、《臺灣語典》，「通史」以紀傳體書寫臺灣歷史，其為史也昭然若揭，而「詩乘」為詩史，係以編年的「詩話」筆記體裁寫成，歷時地編織了臺灣地方人物、風情，「語典」以字書體例編寫臺灣語言暨其相關佚事，兩亦皆饒有作史的趣味。此外，他的詩作與散文都有名於當代，茲分別略述其梗概於下。

---

[3]　本年表參《臺灣日日新報》，為 1927 年。

[4]　〈附臺灣通史著者雅堂氏，對於此回問題。致本社意見書一篇如左〉，《臺灣日日新報》，1930.03.02，第 4 版。

　　《臺灣通史》為連橫花費數年時間所完成的鉅作。大正三年（1914）自中國返臺後，連橫以他在清史館蒐集之資料與其親身採訪臺灣耆老（如彰化文人吳德功）所得為基礎，開始撰寫其書。原書分為三冊，上冊於大正九年（1920）11月，中冊於同年12月出版，下冊則於翌年4月印行。此後版本甚多。民國五十一年（1962）臺灣銀行經濟研究室收錄為《臺灣文獻叢刊》第128種，後續數種版本皆以此本為底本。《臺灣通史》全書共三十六卷，體裁仿照正史，分為四紀、二十四志、傳八卷六十篇。「紀」本為正史記載帝王事蹟者，然本書以「臺灣」為撰述對象，故四紀分為「開闢紀」、「建國紀」、「經營紀」、「獨立紀」，歷述臺灣歷史之發展。自上古時期至乙未割臺，鉅細靡遺。其中訛漏不免，仍為臺灣留下相當寶貴的資料。

　　《臺灣詩乘》為連橫刊行《臺灣通史》後，將所蒐錄之臺灣史料與古典詩相關者加以纂輯、論述而成。雖然比照「詩話」的筆記體裁卻取名為「詩乘」，乃欲凸顯本書以詩為史的特性，因而，連橫在序裡自己說：「王者之跡熄而詩亡，詩亡然後《春秋》作。」[5]本書自鄭成功攻臺，乃至乙未割臺，按時代排序，分為六卷，於大正十一年（1922）出版。民國四十九年（1960）臺灣銀行經濟研究室收錄為《臺灣文獻叢刊》第64種。

　　連橫在《臺灣詩乘》卷三，曾區分了「詩乘」和「詩話」的不同。他說：「詩乘與詩話異，詩話之詩必論工拙，而詩乘不然；凡有繫於歷史、地理、風土、人情者則采之，固不以人廢言也。」[6]「詩話」從「文學性」（literariness）的角度計較詩歌

---

[5] 連橫，《臺灣詩乘》（臺北：臺灣銀行經濟研究室，1960），頁3。

[6] 連橫，《臺灣詩乘》，頁117。

作品之工拙;「詩乘」則傾向以詩述史,用心於歷史之反映。對於後者,詩歌語言藝術便不在考量之列,而這正是臺灣許多詩歌書寫的特色。連橫的觀點,在〈清代臺灣詩所反映的漢人社會〉(施懿琳,1991)、《臺灣古典詩面面觀》(江寶釵,1999)中,都曾出現過,儼然成為臺灣古典詩論述的準據。

連橫不僅以臺灣詩為歷史,更致力於詩家與詩作的鉤沉。「詩乘」輯錄作品之時,不忘說明作品以及相關的本事,在介紹詩家時,也往往將之與其同儕做比較。有時候,也會以主題輯詩,如談《海東攬勝》的地景詩、寫林爽文的記事詩等,不一而足。對於詩歌掌故的說明,尤為常見。凡是種種,「詩乘」提供後人對於臺灣古典詩歌歷史的描繪與想像,具有難以估量的價值。

《臺灣語典》四卷,類似今日的辭典,原係連橫為保存臺語而作。自昭和四年(1929)開始,連橫著手紀錄、撰述臺語詞彙,越明年(1931)在《三六九小報》第 35 號開闢「臺灣語講座」專欄,迄昭和七年(1932,第 142 號)止,每號刊載三條,內容為解說詞彙意義,徵引《說文解字》、《廣韻》、史書,探求詞彙出現的本源,有時,也載錄與之有關的掌故,不過,並未完全連載,昭和八年(1933),連橫自行增補至第四卷,全書底成。民國四十六年(1957),連震東將藏於家中之手稿交由陳漢光整理,收入「中華叢書」。民國五十二年(1963)臺灣銀行經濟研究室收錄為《臺灣文獻叢刊》第 161 種。民國七十六年(1987),金楓出版社為其加上臺語學者姚榮松之導讀再行出版。民國八十一年(1992),臺灣省文獻委員會編印《雅堂先生全集》,亦將臺銀本影印,與《雅言》合訂為一冊。書分四卷,卷一 435 條、卷二 265 條、卷三 238 條、卷四 244 條,共計收

錄語彙 1,182 條，語彙排列採取「以類相從」原則，缺乏系統的排序。

　　《臺灣語典》堪稱臺語詞源的開山之作，立意為保存「日就消滅」的臺語，一貫地帶有連橫的民族大義，在這本書的〈自序〉裡，他說：「余臺灣人也，能操臺灣之語而不能書臺語之字、且不能明臺語之義，余深自愧。」[7]「今之學童，七歲受書；天真未漓，咿唔初誦，而鄉校已禁其臺語矣。今之青年，負笈東土，期求學問；十載勤勞而歸來，已忘其臺語矣。今之搢紳上士乃至里胥小吏，遨游官府，附勢趨權，趾高氣揚，自命時彥；而交際之間，已不屑復語臺語矣。」[8]從這些言說裡，可以看到臺語使用的危機，以及連橫救危的使命感。

　　「語典」開始撰述、刊載的時間在三〇年代初期，與當時的鄉土文學論戰有遙相呼應之勢。鄉土文學論者為了以鄉土的語言書寫鄉土題材的文學，曾經有過豐富的臺語標記、造字等的討論，有一派論者便主張回到舊有的文字，去尋找能標記臺語的「字」，連橫即其中之一。為臺語尋字的看法預設臺語為中原古代正音，有聲必有字，而這些語詞研求不易，「傳自漳、泉；而漳、泉之語，傳自中國。其源既遠，其流又長」[9]，可以遠溯周秦之際，「張皇幽渺，墜緒微茫」[10]，具歷史、富意義的語言，高尚優雅，必須綜合文字學、聲韻學、方言學之學殖，理解「六書之轉註、假借」、「古韻之轉變」、「方言之傳播」[11]，方有可能

---

[7]　連橫，《臺灣語典》（臺北：臺灣銀行經濟研究室，1963），頁 1。
[8]　連橫，《臺灣語典》，頁 3。
[9]　連橫，《臺灣語典》，頁 1。
[10]　連橫，《臺灣語典》，頁 1。
[11]　連橫，《臺灣語典》，頁 2。

追跡其源始，如「捯力」之於《南華》、「拗蠻」之於《周禮》、「停囷」之於《漢書》，「豈真南蠻鴃舌之音而不可以調宮商也哉！」[12]駁斥臺語不雅的看法，「試舉其例：泔也、潘也，名自《禮記》；臺之婦孺能言之，而中國之士夫不能言。」[13]這些觀念行至今日，仍可見於許多臺語推動者。

　　以今觀之，由於時代的限制，「語典」之作，雖未能涵蓋臺語之全貌，有部分觀念上與考訂上的缺點，認為臺語有音必有字，但整體而言，仍是一部難能可貴的經典。

　　《雅言》原為連橫在《三六九小報》所開闢之專欄，始於昭和七年（1932）新年增刊號，銜接「臺灣語講座」停刊，刊至第 241 號（1932.12），共連載 100 號，計 247 則。民國四十七年（1958），由許丙丁、黃典權、賴建銘等集結成冊，題為《雅言》，民國五十二年（1963）臺灣銀行經濟研究室將連載文字，與連震東藏於家中之未刊稿一併整合，得 304 則，收錄為《臺灣文獻叢刊》第 166 種。《雅言》之作，實為三〇年代臺灣「鄉土語言論爭」之一環，其首則即云：「比年以來，我臺人士輒唱鄉土文學，且有臺灣語改造之議；此余平素之計劃也。顧言之似易而行之實難，何也？能言者未必能行，能行者又不肯行；此臺灣文學所以日趨萎靡也。夫欲提唱鄉土文學，必先整理鄉土語言。」[14]這應該是連橫就其撰寫《臺灣語典》之經驗，對臺灣語彙所作之論述，其目的仍在強調「臺灣之語，無一語無字，則無一字無來歷；其有用之不同，不與諸夏共通者，則方言也。

12　連橫，《臺灣語典》，頁 1。
13　連橫，《臺灣語典》，頁 1。
14　連橫，《雅言》（臺北：臺灣銀行經濟研究室，1963），頁 1。

方言之用，自古已然。」（第 4 則）。《雅言》以無標題的條目編綴而成，為筆記短語，各則僅有序號；大抵先探求方言語彙的意義、追跡其源頭，再擴展至其他面向，內容涵括方言、語言文學、俚諺、風俗典故、風土、物產、音樂、戲劇、書畫、工藝、考古等等。

《劍花室詩集》為民國四十九年（1960）臺灣銀行經濟研究室將其詩作加以整理，收錄為《臺灣文獻叢刊》第 94 種。全書分為「大陸詩草」、「寧南詩草」、「劍花室外集之一」、「劍花室外集之二」四部分。「大陸詩草」為明治四十四年到大正二年（1911-1913），連橫赴中國旅遊之詩作。「寧南詩草」則記載連橫在大正二年（1913）回臺後，迄因「鴉片有益論」而離臺之詩作。此二者為連橫生前親自編選而成。至於「劍花室外集之一」、「劍花室外集之二」則為連震東取連橫手稿加以編纂。「劍花室外集之一」為連橫在明治四十四（1911）以前之少作，「劍花室外集之二」則為離臺赴上海定居之晚年未定稿。總計收錄詩作 915 首，洋洋可觀。

《雅堂文集》為民國五十三年（1964）臺灣銀行經濟研究室將其詩作加以整理，收錄為《臺灣文獻叢刊》第 208 種。連橫所作之文章原無成集，臺灣銀行經濟研究室在編纂時，除了從連震東處取得手稿外，更從《臺灣詩薈》等相關報刊雜誌中蒐集整理，進而成就此書。書中共收錄論說文 18 篇、序跋 31 篇、傳記 12 篇、墓誌 6 篇、祭文 7 篇、書啟 7 篇、雜記 17 篇，並有 6 種筆記著作。然而，對於連橫發表在《臺灣日日新報》之作品，本書並未全數刊登。特別是備受矚目的「鴉片有益論」，或因當時的政治情勢與家屬之要求而未編選。

　　《詩薈》創刊於大正十三年（1924）2 月，至大正十四年（1925）10 月停刊，共刊行 22 期。創刊的理由很簡單，連橫有感於時代新舊遞嬗、漢學式微、國故教育未成，因而奮志底成，旨在藉此提振臺灣文運。以詩「興」、「觀」、「群」、「怨」的詩教之功，發揚蹈厲，扢揚臺灣詩界之天聲。

　　《詩薈》發刊序曰：「**不佞詩壇之一卒也。追懷先德，念我友朋，爰有《詩薈》之刊。**」[15]是故，其發行的主要目的有二：一是追懷先德，將前人之遺稿、遺書陸續刊登，如孫元衡《赤崁集》、林衡之《東寧紀事》等。二是念我友朋，振興現代文學，也就是刊登時人的作品。在《詩薈・餘墨》5 號，有更進一步的闡釋：「**不佞之刊《詩薈》，厥有二義：一以振興現代之文學，一以保存舊時之遺書。夫知古而不知今，不可也；知今而不知古，亦不可也。**」[16]刊登內容有「詩鈔」、「詞鈔」、「文鈔」、「詩存」、「文存」、「詩話」、「詩畦」、「謎拾」等專欄。此外，「騷壇紀事」發布各詩社往來、活動消息；「餘墨」，作用則為刊物「補白」性質，字數不多，但內容豐富，黃得時以為「**篇篇無不雋永可誦**」[17]。「尺牘」則是以讀者投書，多為連氏之朋儕。營利意圖不詳顯，而以保存文學史與同仁聯誼為主。

　　連橫年四十八歲，擬赴杭州西湖靜養，《詩薈》無人承辦，遂告停刊。

---

[15]　連雅棠，《臺灣詩薈（上）》（南投：臺灣省文獻委員會，1992），頁 2。

[16]　連雅棠，《臺灣詩薈（上）》，頁 290。

[17]　黃得時，〈臺灣詩薈與連雅棠先生〉，《臺灣詩薈（上）》，頁 4。

　　《雅堂先生餘集》為連震東於民國六十三年（1974）所出版。本書內容收錄「大陸遊記」二卷、「臺灣贅談」與未完成稿「讀墨十說」、「中國文字學上之古代社會」等作。其中「臺灣贅談」在當時已散見於《雅言》、《臺灣漫錄》、《臺灣史蹟志》、《臺南史蹟志》、《番俗摭聞》，但為保留作品之完整，故整併刊行。其餘則整理家中藏稿而成。

　　《雅堂先生家書》收錄連橫致其子女連夏甸、連震東（定一）之書信八十六封，時間自昭和六年（1931）連震東赴中國至昭和八年（1933）連橫移居中國。昭和五年（1930）連橫發表鴉片相關文章之後，備受輿論抨擊，不僅本身被櫟社開除，原本談妥讓連震東進《臺灣新民報》工作的計畫也遭到拒絕。不得已，翌年，連橫只好請連震東前往中國，投靠黨政要員張繼，以圖其個人的未來發展。此家書即為當時之作。信中不斷囑咐連震東必須把握機會，努力向上，可以觀連橫為人父之心情。後期之書信更透露居臺最後期間內心之無奈。

　　《雅堂先生集外集》為民國六十五年（1976）連震東委託鄭喜夫所編，內容蒐集連橫發表於報章雜誌與其他著作中之詩文，集為一冊，可說是連橫著作之「零拾」。

　　民國八十一年（1992），臺灣省文獻委員會編印《雅堂先生全集》，其孫連戰出示家中之書信手稿，一併整理出版。以上諸本皆影印收錄其中。

　　臺南連橫並非福建連橫，至少「同盟會」就是問題，過去將錯就錯，網上資料幾乎都積非成是，事實上，年表作者鄭喜夫早就注意到這個問題，他分判道：《劫餘集詩鈔暨詞鈔》著者

慕秦連橫非臺南雅堂，[18]可惜知者不多。這方面，我要特別感謝林文龍先生的提醒。

　　本年表撰製與連橫詩文集的蒐錄同步，費時甚久，體例數改，增加了不少資料，所增者大抵來自報刊雜誌的記錄。能夠在學院裡完成這樣一本書，我個人深感榮幸與慶幸。我要特別感謝黃清順、李知灝、謝崇耀博士與男弟梁鈞筌博士、女弟黃千珊博士候選人。沒有他們，我向來粗心大意，這個年表我勢必無法完成。同時，對於前輩鄭喜夫先生、林文月女士、黃美玲教授的先期工程，方使得本書成為可能，我更是充滿無限的致敬之意、感激之情。學術的傳承，文化的賡續，文集的重編校注，年表的詳考擴充，最能看得出來。願本書的完成，可以更全面理解臺灣傳統文人，以及他們所履歷的時代。

---

[18] 鄭喜夫，〈劫餘集詩鈔暨詞鈔著者慕秦連橫非臺南雅堂〉，《臺灣文獻》別冊 43（2012.12），頁 2-6。

清治時期

光緒四年（1878），1 歲

2 月

17 日，生於臺灣縣寧南坊馬兵營[1]。台南市人。譜名「重送」。

※時其父連得政（後文不贅）45 歲，劉妙娘 31 歲，雅堂為連家第三子，上有兄長重承（養子）、重裕[2]、重國。長兄重承過繼給得政未娶而亡的未婚妻沈氏為子，三兄重國早夭。

※林文月《青山青史·連雅堂傳》稱：「光緒三年，連橫母劉氏妙娘有身，夜夢吉兆，見使者贈來靈龜；待明年，麟兒出世，連府遂呼之『天送』，復譜其名為『重送』，以誌祥瑞。」

光緒十一年（1885），8 歲

＊與同鄉張文選拜宿儒魏一經為師，取學名「允斌」。其姊夫鄭夢蘭平時在家中也時常指導雅堂讀誦四書、五經。

---

[1] 鄭成功來臺後曾興建馬兵營，已無相關建物留存。馬兵營遂成為地名，經官、學考正立碑，應在今臺南市忠義路及府前路交叉口一帶。

[2] 連城璧（1873-1958），譜名重裕，學名德裕，字荊玉，號城璧。有詩名，為南社成員。

光緒十四年（1888），11 歲

◆臺郡紳商捐建赤嵌樓鎮殿佛祖，連得政以連芳蘭鋪號之名捐銀六元。

光緒十五年（1889），12 歲

連得政以馬兵營故宅人多而隘，乃擴建之，又購置近旁「吳氏園」[3]供雅堂與其二兄重裕（城璧）讀書習字。

3　按：即磚仔橋（今臺南市府前路與永福路口一帶）的宜秋山館，俗稱「磚仔橋吳厝」，為吳尚霑仿吳尚新「吳園」所築之別墅。《雅堂文集·臺南古蹟志》「宜秋山館」曰：「宜秋山館與吾家為鄰，吳雪堂司馬之別墅也。地大可五畝，花木幽邃，饒有泉石之勝。余少時讀書其中，四時咸宜，於秋為最。……割臺之後數年，余家被毀，此館亦同摧折，余遂漂泊四方，栖栖靡定，又何往而得宜也！」連橫，〈過故居記〉：「……宅面西立，以人眾稍隘。余十二歲，我先君擴而大之，可居二十餘人。又買近旁吳氏園，為余兄弟讀書。吳園有宜秋山館，雪堂司馬所建，而謝琯樵曾寓其中者也。」

光緒十六年（1890），13 歲

＊連得政購余文儀主編之《續修臺灣府志》，教授之。

※改於觀音亭街[4]從師讀書。

光緒十八年（1892），15 歲

◆郡城大士殿[5]修理建醮，連得政以連芳蘭鋪號之名捐銀十大元。

4　今臺南市中西區觀音亭街。
5　即赤嵌樓大士殿，位於今臺南市中西區赤崁東街 6 號。清同治間，信徒於赤嵌樓上建大士殿，中法戰爭期間劉銘傳下令拆除赤嵌樓之荷式城堡，亦波及大士殿，光緒十三年（1887）中法戰爭結束，乃於赤嵌樓城基上重修。

日治時期

明治二十八年（1895），18 歲

＊乙未馬關條約割臺。

◆8 月 14 日，父喪，連芳蘭號旋即歇業。初葬於府城大東門外永康里，後移葬於南門外公墓[1]。雅堂「**奉諱家居，乃手寫少陵全集，學詩以述家國淒涼之感。時戎馬倥傯，四郊多警，搢紳避地，巷無居人。而葉應祥、陳渭川輒與先生相過從，至則出詩相示。**」

◆秋，日軍進臺南城，遂內渡。

＊作詩〈劍〉、〈鞭〉，散文〈臺南連氏家乘〉。

---

[1] 臺南市區之桂子山為早期之墓葬區，位於今南門路。

明治二十九年（1896），19 歲

◆與長兄重承、二兄重裕（城璧），同撰〈先君子永昌公行述〉。
　按：雅堂時在福建，此文似僅掛名。

◆自福建返回臺南。

明治三十年（1897），20 歲

◆ ※春，赴上海前，與同鄉的殷商沈鴻傑（德墨）[2]長女筱雲（名璇，字少雲、筱雲，長雅堂 4 歲）訂親。後入聖約翰大學攻讀俄文，並自行取名橫，字雅堂。未幾，以完婚之事奉母命返臺。按：本年 5 月 8 日為《馬關條約》第五款臺人之「去就日」期限[3]，許多內渡臺人為保在臺產業，多於此前返台。

◆ 歸里，與許南英、趙鍾麒、謝石秋、胡殿鵬、陳渭川、吳楓橋等人組「浪吟詩社」。

※ 11 月 14 日，與沈筱雲結婚，婚後定居沈家。

＊作詩〈春江花月詞〉、〈六月既望〉、〈桃花扇題詞〉。

---

[2] 沈鴻傑原籍福建安溪，其事蹟亦載於《台灣通史‧貨殖列傳》。

[3] 明治二十八年（1895）4 月 17 日《馬關條約》第五款載：「本約批准互換之後，限二年之內，日本准中國讓與地方人民願遷居讓與地方之外者，任使變賣所有產業退去界外，但限滿之後尚未遷徙者酌宜視為日本臣民。」條約於同年 5 月 8 日生效。

明治三十一年（1898），21 歲

7 月

9 日，發表〈葬花四首（承前）〉[4]與羅秀惠〈葬花四首〉唱和，參與者另有趙鍾麒[5]、結城蓄堂[6]等人。

28 日，發表〈題法華寺限韻〉[7]，《詩集》未收。

※生長女夏甸。雅堂為女命名，皆融入出生之季節，長女生於陰曆六月，取名「夏甸」；次女生於陰曆二月，取名「春臺」。

8 月

19 日，發表〈落花八首并序〉[8]。

---

[4] 連雅堂，〈葬花四首（承前）〉，《臺灣日日新報》，1898.07.09，第 1 版。
[5] 趙麟士，〈葬花四首（承前）〉，《臺灣日日新報》，1898.07.09，第 1 版。
[6] 結城蓄堂，〈葬花四首〉，《臺灣日日新報》，1898.07.08，第 1 版。
[7] 雅堂，〈題法華寺限韻〉，《臺灣日日新報》，1898.07.28，第 1 版。
[8] 雅堂，〈落花八首并序〉，《臺灣日日新報》，1898.08.19，第 1 版。

明治三十二年（1899），22 歲

2 月

25 日，發表〈敬步北洲原韻〉[9]與阿部貞[10]唱和。按：阿部北洲作〈余，再回臺南，會飲舊好，歡欣談笑不堪今昔之感，乃率賦二十八字，博坐上諸先生之一粲，並乞高和〉[11]。

6 月

15 日，《臺澎日報》於臺南創刊，發行所位於臺南縣臺南城內縣廳通下橫町。該報第 1 版闢漢文欄[12]，應係雅堂任職於漢文部負責之業務。按：入社日期不詳。

---

[9] 雅堂作，〈敬步北洲原韻〉，《臺灣日日新報》，1899.02.25，第 1 版。

[10] 阿部貞：即阿部北洲，客臺二年，1898 年 7 月返日，不久返臺北，同年 11 月往游臺南。與蔡國琳、羅蔚邨（秀惠）、趙雲石（鍾麒）、張甦園、葉在國皆有交情。事見趙鍾麒，〈阿部北洲歸東〉，《臺灣日日新報》，1898.07.22，第 1 版；阿部北洲，〈寄懷蔡玉屏羅蔚村趙雲石張甦園諸大人並似葉在國兄〉，《臺灣日日新報》，1898.10.23，第 1 版。阿部北洲，〈感懷〉，《臺灣日日新報》，1898.10.12，第 1 版。日下峰蓮，〈送北洲之臺南〉，《臺灣日日新報》，1898.11.22，第 1 版。

[11] 阿部北洲，〈余，再回臺南，會飲舊好，歡欣談笑不堪今昔之感，乃率賦二十八字，博坐上諸先生之一粲，並乞高和〉，《臺灣日日新報》，1899.02.24，第 1 版。

[12] 〈臺澎日報〉，《臺灣日日新報》，1899.06.16，第 2 版。〈臺澎日報出づ〉，《臺灣日日新報》，1899.06.20，第 2 版。

11 月

5 日，出席總督兒玉源太郎於臺南兩廣會館舉辦「饗老典」活動[13]，作〈歡迎兒玉督憲南巡頌德詩〉[14]。

12 月

3-14 日，館森鴻遊臺南，雅堂與安江五溪、蔡玉屏等相從。[15]

---

[13] 〈饗老典儀〉，《臺灣日日新報》，1899.10.15，第 5 版。

[14] 「將進酒，公飲否？聽我一言為啟牖：臺疆屹立大海中，東南鎖鑰宜堅守。干戈疫癘繼凶年，天降災殃無奇偶；若推而納之溝中，萬民溺矣宜援手。我公秉節蒞封疆，除殘伐暴登仁壽，揚文開會集英才，策上治安相奔走。王事鞅掌已靡遑，又舉南巡施高厚；福星光照赤崁城，冠蓋趨蹌扶童叟。俯察輿情布仁風，饗老筵張隆壽者；尤祈恩澤遍閭閻，保我黎民無災咎。善教得民心，善政歌民口；勳猷炳烈銘旂常，立德立功立言三者同不朽！」收錄於《慶饗老典錄》。

[15] 參「館森袖海君近將漫游清國玉山吟社諸同人本日設宴於新起街丸中溫泉酒樓聊申餞別之情且各賦詩贈以壯行色云云」〈雜事　詩酒餞別〉，《臺灣日日新報》，1899.11.19，第 6 版。館森鴻後於報端連載遊記，數篇提及與雅堂的接觸，見館森鴻，〈冬籠り　模山範水（三）〉，《臺灣日日新報》，1899.12.17，第 1 版。館森鴻，〈冬籠り　模山範水（四）〉《臺灣日日新報》，1899.12.27，第 1 版。館森鴻，〈冬籠り　模山範水（七）〉《臺灣日日新報》，1899.12.30，第 1 版。

明治三十三年（1900），23 歲

1 月

召集同仁向總督府呼籲設立「漢學會」，並附〈稟請書〉一篇。[1]「漢
學之風於今幾絕響矣。……臺灣闢處海外。原為文獻之邦。自
改隸後戎馬倉皇。風流雲散。耆儒宿學已如晨星寥寥。後起俊
秀習尚轉移。覺過後十年漢學幾無種子。此漢學知衰頹而某等
為之感慨而不寐也。……某等所以有請設臺南漢學會之舉也。
查臺南舊時原有海東崇文蓬壺三書院。……皆由官民合置。而
崇文蓬壺之財產由民間捐助者尤多。故擬請撥此二款。俾充漢
學之需。以臺人之公款開臺人之文風。實有裨益於地方。諒亦
我政府所樂聞也。……至其會務章程應俟奉準後。續陳管見。
上瀆聰聞。某等不勝翹望之至。」

3 月

1 日，《臺澎日報》與《新聞臺灣》合併更名為《臺南新報》，[2]仍
任職漢文部主筆。

與臺南儒紳蔡國琳、羅秀惠、許廷光、蔡夢熊、陳慶龢、楊鵬搏、
王球仙、張作人等，合資創設藏書局，並附〈序〉一篇。[3]「夫

---

[1] 〈起漢學會〉，《臺灣日日新報》，1900.01.10，第 3 版。按：報僅載「雅堂
召集同至之士」，未見他人姓名，〈稟請書〉或出自雅堂。

[2] 〈臺澎日報の改題〉，《臺灣日日新報》，1900.03.02，第 2 版。

[3] 〈設藏書局〉，《臺灣日日新報》，1900.03.10，第 3 版。

亞歐非美各國之事。其遠而難知也。黃白紅黑諸種之人。其雜
而難治也。恐佛耶回群教之道。其妙而難明也。而一旦欲知之
治之明之。雖聖人且有難者。況於我輩乎。此藏書局之舉所由
起也。我臺南闢處海外。夙為文獻之邦。自改立後。又文風萎
靡。書籍沉淪。有志之士每苦無書之可讀。且方今環球通關。
日進文明。顯非博覽群書可以因而問世。龐然大物。貽笑空疏。
我輩能無汗顏乎。用是爰招同志。各釀義金。創設書局。以惠
士林。雖發軔伊始未能蒐羅浩大。然此局之開。實於鯤身鹿耳
增無數之騰蛟起鳳也。」

4 月

3 日，發表〈臺南天足會‧序〉，擔任投稿之收件人。《文集》
未收。文中闡述其所以提倡天足會之故：「纏足之害，論者多
矣。……而不一拯救之。是舉巾幗之婦女，皆為無告之罪人。
正人君子，豈能默然而息哉！此不佞所以有提唱天足會之舉
也。」[4]

6 月

10 日，臺南天足會舉辦發會式。[5]此會由鄉紳許廷光[6]等人籌組，
許氏並作〈臺南纏足會祝詞〉[7]。

---

[4] 按：原題〈臺南天足 「雅堂所著天足會序及章程數則照錄于左」〉，《臺
灣日日新報》，1900.04.03，第 6 版。「章程：七、本會會所尚未定地。遠
方欲寄函本會者。可暫交臺南城內臺南新聞社連雅堂可也。」

[5] 〈臺南新學會と天足會〉，《臺灣日日新報》，1900.06.17，第 3 版。

[6] 許廷光（1860-1919），號凌槎，清臺灣縣治（今臺南市）人，秀才，補廩
膳生。乙未動亂時，與蔡夢熊、楊鵬搏及英國長老教會牧師宋忠堅（Rev.

7 月

上旬，岳父沈鴻傑與許廷光、蔡國琳、蔡夢熊、蔡瑞西、黃修甫、姚星輝、林瑳璋等人發起創立「臺灣殖產會社」，資本金20萬元，主要從事原野開發、魚池築造、礦物掘取、木材採伐、漁業改良、埤圳新設等，為日本領臺以來臺人設立會社之嚆始。[8]

本年

◆秋，於《臺南新報》開「赤城花榜」，遴選十美。李蓮卿為之首，而明珠為殿軍。開臺灣選美風氣之先。

◆秋，訪妓李蓮卿，作〈庚子（1900）秋夕訪李蓮卿於城西，賦此〉。

※妻弟沈少鶴卒，作〈哭沈少鶴〉詩。婚後雅堂即移居岳父家，與筱雲之弟少鶴友愛，情同手足。少鶴長雅堂 2 歲，豐儀整秀，一表人材，又天性穎悟，喜好詩文風流，每遇文士雅聚，雅堂經常邀其參與。惟少鶴文弱多病，以 25 歲之齡病故。

Duncan Ferguson）等人出城請求日軍進駐以維持秩序。曾獲紳章、藍綬褒章；歷任臺南縣參事、臺南縣教育幹事、臺南天然足會長、臺南西區區長、東區區長、總督府評議員等。大正十二年（1923）六月與辜顯榮、林熊徵、李延禧等發起「臺灣公益會」，以對抗臺灣文化協會，後又加入「有力者大會」，以與由林獻堂組織的「無力者大會」對峙。詳參「智慧型全臺詩資料庫」。

7　許廷光，〈臺南纏足會祝辭〉，《臺灣日日新報》，1900.06.27，第 4 版。按：應為「臺南天足會祝辭」之誤。

8　〈臺灣殖産會社の創立〉，《臺灣日日新報》，1900.07.12，第 2 版。

明治三十四年（1901），24 歲

1 月

17 日，東亞書院董事林景商[1]旅臺北，會見兒玉源太郎總督。時與雅堂、晉江周希祖（心畬）唱和。[2]雅堂作〈寓廈贈林景商部郎〉[3]，林景商有〈和雅堂見贈韻。兼寄周心畬廣文〉、〈倒疊雅堂韻贈家儷雲茂才〉[4]，而周希祖賦〈步雅堂原韻并柬怡園小主詞壇粲正〉、〈又倒疊前韻再和兩律〉。以上，皆見載於報刊漢文欄。

30 日，李鴻章逝世[5]。作〈弔李鴻章〉。[6]

4 月

◆5 日，生次女春臺。[7]

---

[1]　林輅存，福建安溪人，字景商，林鶴年（氅雲）第四子。少隨父祖寓居臺灣，乙未內渡廈門，顏其邸名為「怡園」，以示念台。1900 年與臺灣總督兒玉源太郎在廈門創辦「東亞書院」。中華民國成立後，歷任臨時參議院議員、眾議院議員、福建暨南方總理、國會眾議院議員。

[2]　〈雜事　董事渡臺〉，《臺灣日日新報》，1901.01.19，第 4 版。

[3]　雅堂作，〈寓廈贈林景商部郎〉，《臺灣日日新報》，1901.01.20，第 1 版。

[4]　安溪林輅存，〈和連雅堂見贈韻。兼寄周心畬廣文〉、〈倒疊雅堂韻贈家儷雲茂才〉，《臺灣日日新報》，1901.01.22，第 1 版。

[5]　〈李鴻章の逝去〉，《臺灣日日新報》，1901.02.01，第 2 版。

[6]　按：作詩時間不詳，《劍花室詩集·劍花室外集之一》編排於〈題春日南社小集圖〉之後，若《劍花室外集》之編排依循雅堂創作時序，則〈弔李鴻章〉應晚於 1906 年。

8 月

14 日，赤城花榜冠軍李蓮卿卒，發表〈悼李蓮卿校書〉七絕十
首[8]，和者甚眾。輯為《悼蓮集》一秩。

本年

※馬兵營的連氏宅第，為連氏自渡臺以後，七代七房族人居所。
遭日本政府強行徵購，先設「輜重部」（即後勤部），後改建
為臺南地方法院。

7　又可參〈少女留學〉：「臺灣留學之風，於今頗盛而女子則絕少。茲聞雅堂
氏之次女春臺，年十一，為臺中公學校五年生，將遣往東京，先習普通之
學，然後肄業於女子一學校，期以十載成功。」《漢文臺灣日日新報》，
1911.08.24，第 3 版。

8　連橫，〈悼李蓮卿校書（十首）〉：「李蓮卿，北里之魁楚也。⋯⋯本年七月
朔，女以病歿，年十有六⋯⋯。」「七月朔」應係農曆，為國曆 8 月 14 日。

明治三十五年（1902），25 歲

9 月

※赴廈門，捐監，乃得赴農曆八月福州之經濟特科鄉試，考題
　　為「漢唐開國用人論」、「勾踐焦思嘗膽論」、「子貢使外國論」
　　等。或謂雅堂此行應試實為批判時局而去，筆觸偏激，以故
　　不第。

11 月

◆應鄉試不第，由福州至廈門，任《鷺江報》主筆。

14 日，於鼓浪嶼撰〈惜別吟詩集序〉[1]。

旅廈期間，得詩〈馬江夜泛〉、〈閩中懷古〉、〈三山旅次寄內〉、
　　〈寄內〉、〈鷺門旅興〉、〈廈門秋感〉、〈汕上感懷〉、〈洪山橋
　　夜泊〉、〈遊鼓浪嶼〉、〈中秋夜登鼓浪山〉、〈鹿泉〉、〈萬石巖〉、
　　〈重過怡園晤林景商〉、〈鷺江秋感〉、〈浣紅閣聽蕩湖船〉等。

本年

歸臺南。

---

[1]　連橫，〈惜別吟詩集序〉：「臺南連橫歸自三山，留滯鷺門，訪林景商觀察
　　於怡園……壬寅冬十月望日，臺南連橫天縱甫，書於鼓浪洞天之下。」「壬
　　寅冬十月望日」係農曆，國曆為 11 月 14 日。

明治三十六年（1903），26 歲

8 月

17 日，臺南五妃廟傾廢，由雅堂發起重修，擇於五妃從死之日峻工。雅堂與眾人奉觴致祭，並撰〈重修五妃廟記〉。按：其後，五妃廟以張甦園為監督。[1]

本年

◆結識王夢癡（香禪），並收其為女弟子。每赴臺北，輒往永樂座為其所唱京戲捧場。

1　連橫，〈重修五妃廟記〉：「癸卯（1903）夏六月二十有五日，臺南連橫記。」

明治三十七年（1904），27 歲

4 月

※23 日，生長子，適逢日本俄國戰爭起於東亞，故名震東。

5 月

5 日夜，日本駐廈門領事山吉盛義（字米溪）任滿將歸東，詩友於廈門南普陀寺為之設筵餞行，雅堂與施範其、林景商、陳藻耀等人與會。山吉盛義作〈留別七律〉等，眾人和以〈敬步米溪詞長留別七律元韻〉。[1]

7 月

3 日[2]，詩友復於廈門為山吉盛義設宴餞行，雅堂與施士洁、黃鴻藻（采侯）、黃鴻翔（幼垣）、王人驥（蒜園）、許仰高（子

---

[1] 　按：《臺灣日日新報》載有施士洁、林景商、施範其、陳藻耀等人送行之作，集中於 1905.05.14、1904.05.18，1904.05.19、1904.05.22；又施範其〈鷺江誌別并序〉：「時甲辰暮春二十日也。」（《臺灣日日新報》，1904.05.19，第 1 版），應為農曆三月二十日，即國曆 5 月 5 日。施士洁此次未與會，作〈米溪先生秩滿東歸同人賦詩贈行鄙人第限一衣帶水不獲預南普陀送別之會為之悵然率呈七言長句聊當一觴即希粲正〉（《臺灣日日新報》，1904.05.14，第 1 版）。又《年譜》言雅堂有和作，但未明是否與會，考諸報端，「近又有臺南連君雅堂。僑寓鷺江報館。」（〈添設報館〉，《臺灣日日新報》，1904.07.22，第 4 版）以此推測，雅堂與會的可能性頗高。

[2] 　按：《年譜》作「五月二十日」，應為農曆，即國曆 7 月 3 日。

珊）、鄭鵬雲（毓臣）、鄭以庠（養齋）等人與會[3]。山吉盛義
唱七絕四首致謝，包括雅堂在內之各人俱有和作。

與家人借住廈門鼓浪嶼《鷺江報》創辦人英國牧師梅爾山雅各
（J. Sadler）家中。籌設《福建日日新報》，由鷺江報館協助
印刷，擬定於 8 月開辦報務，每日出刊。[4]

12 月

26 日，攜眷返臺為《福建日日新報》籌資。因該報銷售暢旺，
故與臺灣銀行廈門支店顧問施範其合力振倡，擬自行購置機
器，修改章程，印製股票，故由合資會社改為株式會社；後
由臺南蔡珮香等人合資[5]，設址於廈門；旋又延攬胡殿鵬入該
報社工作。

本年

◆妻弟沈伯昌卒。[6]

3　見施士洁，〈甲辰五月二十夕與黃采侯幼垣昆季王蒜園許子珊鄭毓臣養齋
　諸同人公餞米溪詞兄於禾江南樓酒酣米溪為布袋和尚之謔戲贈阿毓一坐
　拊掌復唱四絕句以紀斯會行將別矣不佞根觸疇曩烏得無言用次元韵〉，《臺
　灣日日新報》，1904.07.23，第 1 版。又同一版面刊有黃幼垣，〈次韻席上
　即事四首錄二〉。

4　〈添設報館〉，《臺灣日日新報》，1904.07.22，第 4 版。

5　〈新報擴張〉，《臺灣日日新報》，1904.12.13，第 4 版。

6　連橫，〈外舅沈德墨先生暨配王太孺人墓誌銘〉：「……及割隸之後，公老
　矣，所業復多敗。子伯謀繼起，未成而卒。公哭之慟。乙巳（1905）春，
　公歸安溪展墓，……。」沈伯昌之卒，應早於 1905 年。

明治三十八年（1905），28 歲

1 月

春，岳父沈鴻傑回安溪展墓，途次廈門時，病重。雅堂乃隨岳
母王氏渡海探視。經月餘後，漸有起色，乃一同返臺。[1]

雅堂訪嘉義，與曾遠堂、許紫鏡、蘇孝德、余塘等七人同遊關
仔嶺，並探溫泉。[2]雅堂得詩（〈上巖〉、〈火山觀出火穴〉等
數首，收入《劍花室詩集・外集之一》）。

2 月

上旬，返廈門。[3]

---

[1] 連橫，〈外舅沈德墨先生暨配王太孺人墓誌銘〉：「乙巳（1905）春，公歸
安溪展墓，途次廈門，病篤。六月，余侍王太孺人渡海省視。越月，病稍
愈，回臺，為次子納室。」

[2] 「憶今春余與鄉友雅堂嘉友許紫鏡諸君。一同七人。偕遊火山。並到關仔
嶺探浴溫泉。」曾遠堂，〈北遊日記〉，《漢文臺灣日日新報》，1905.10.28，
第 3 版。

[3] 「福建日日新報主筆連雅堂氏。因清曆十二月廿六日停止報務。公暇回
臺。定清曆元月上旬。再行來廈辦理該報事務。」〈主筆回臺〉，《臺灣日
日新報》，1905.02.19，第 6 版。

4 月

因於《福建日日新報》大張民族主義，八閩民氣，為之一振。在廈門倡議抵制美約。登堂演說，觸怒美領事，美方照會廈道，欲封報社。雅堂不屈，謂言論自由。[4]

8 月

美國駐廈門領事館以旗索損壞，質諸清廷，並切責《福建日日新報》刊文禁用美貨、抵制禁約，主筆黃蔽臣、雅堂以理抗論，京官陳紫衍力爭，美國領事乃和平了結。[5]

10 月

《福建日日新報》因為經費不濟（一說為鼓吹反滿），將全盤社務委由黃乃裳承接，返臺養病。[6]未幾，報社遭美國領事施壓，將被封社，遂以暫行停辦，改易牌號、宗旨，徐謀再起。

《福建日日新報》社關閉。

回臺期間，入《臺南新報》，並邀謝石秋入社。

在廈期間，有〈在廈柬鄉中諸友〉（七絕。柬陳渭川、趙鍾麒、謝石秋、陳鳳昌各一首）、〈作客鷺江次莊仲漁旅次題壁〉、〈留別林景商〉、〈攜眷歸鄉留別廈中諸友〉等詩。

4　〈拾碎錦囊（九十九）〉，《漢文臺灣日日新報》，1905.11.11，第 3 版。

5　〈鷺江雁音　鳴砲賠禮〉，《漢文臺灣日日新報》，1905.08.16，第 3 版。

6　〈鷺江雁音（十九日發）　易人接辨〉，《漢文臺灣日日新報》，1905.10.01，第 3 版。〈鷺江雁音　福建日日新聞停派原因〉，《漢文臺灣日日新報》，1905.10.11，第 4 版。「嗣經主政雅堂氏有疾。回臺調病。」

12 月

赴廈門華商會社為烈士馮夏威舉辦之追悼會。與會者約數百人，
　　雅堂、黃廷元、魏介眉、黃治基、陳時傑、傅九老等人上臺
　　演說，慷慨激昂，頗動聽眾。[7]

以《福建日日新報》持論與清廷對立，無法於廈門安居，適獲
　　南洋富商陳氏佳招聘，原擬於 29 日攜眷赴新加坡任職天南總
　　報館一席，因故未成行。[8]

---

[7] 〈鷺江雁音　詳記追悼會在場情形〉，《漢文臺灣日日新報》，1905.12.30，
　　第 4 版。

[8] 〈鷺江雁音　槖筆南遊〉，《漢文臺灣日日新報》，1906.01.05，第 3 版。

明治三十九年（1906），29 歲

6 月

12 日，岳父沈鴻傑病逝於家中，偕夫人自廈返臺治喪。沈氏於
9 月 18 日葬南門外之鄭氏宅。[1]

7 月

於廈門倡議開設《福臺日報》，預計招募股本 2,000 股，每股 5
元，然廈門巨商支持者寡，未果。[2]

10 月

約下旬前，在《臺南新報》發表〈臺灣詩界革新論〉，反對擊鉢
吟，與《臺灣新聞》記者陳瑚、若干櫟社同人筆戰[3]，林癡仙

---

[1]　按：鄭喜夫《年譜》作卒於（國曆）1905 年 6 月 12 日、葬於 9 月 18 日，
　　惟根據連橫〈外舅沈德墨先生暨配王太孺人墓誌銘〉：「丙午（1906）夏六
　　月，外舅沈德墨先生終於家。……乙巳（1905）春，公歸安溪展墓，途次
　　廈門，病篤。六月，余侍王太孺人渡海省視。越月，病稍愈，回臺，為次
　　子納室。**其明年卒**。公生於道光丁酉（1837）四月二十有八日，卒於明治
　　乙巳（1905）六月十有二日，享壽六十有九齡。**是時余在廈門治報事**，聞
　　訃，趣內子歸，余亦歸治其喪。以是年九月十有八日葬於郡南門外鄭氏宅。」
　　則鄭著推斷其「卒於明治乙巳」，應為丙午。6 月 12 日，應係國曆，雅堂
　　中年後慣用國曆紀年。

[2]　〈福臺日報之難成〉，《漢文臺灣日日新報》，1906.07.19，第 6 版。

[3]　本文無可考。又「晴天，風尚未息，在家鈔中部日報，係陳滄玉所作，排
　　斥《臺南日報》主筆雅堂，號天縱子，作臺灣詩界革新議，書後故滄玉作
　　一篇惡偽新學者以排斥之。午後往墩無事，晚飯後，又錄林南強與某生論

出面調停，方告平息。雅堂後作〈束林癡仙，並視臺中諸友〉，
曾提及此事。

臺南市區道路改正工程[4]原擬拆除大井頭之大井（今臺南市中西
區，原府城大西門入口處附近）[5]，眾為留之，因獲保留。據
傳太監三保舟下西洋，取水赤崁，便是此井。雅堂於《臺南
新報》自言曾力爭此事。

本年

◆冬，以浪吟詩詩社社友零落，乃與陳渭川邀集臺南文士趙鍾
麒、謝石秋、鄒小奇、楊宜綠及仲兄（連）德裕改創南社，
社友共十餘人，存抱提振風雅之念，亦有與「櫟社」抗衡之
意。

《臺南新報》報臺灣詩界革新議。」張麗俊，〈1906 年 10 月 22 日〉，《水
竹居主人日記》。

[4] 「而至元大西門路輕鐵線路敷設之改正道路。其延長線路。從前記之帽仔
街竹仔街中央。更橫過下橫街路。貫通武館街路及大井頭街路中央。約有
二百二三十間。道幅定為八間。兩側設置水溝。」〈臺南實行改正市區〉，
《漢文臺灣日日新報》，1906.07.14，第 3 版。「大井頭。原臺南市大井頭
街之大井。聞是鄭延平之子鄭經所鑿。實一明季古跡也。此次為擴張中央
大路。恰當其衝。殊不雅觀。然附近人民藉此井以汲食者不下數千人。眾
擬為留之。當道亦諒其意。乃將該井改造一小口。使終不沒其跡云。」〈古
跡猶存〉，《漢文臺灣日日新報》，1906.10.25，第 5 版。

[5] 大井頭即大井旁邊的碼頭，是古代臺江內海的重要渡口。

明治四十年（1907），30 歲

2 月

日本漢詩人安江五溪來臺南清查廟宇建築，雅堂與趙雲石、謝
　籟軒、胡南溟、楊癡玉、陳瘦雲等故人於四春園招待之，並
　開詩人宴會。[1]

3 月

28 日，蔡珮香作〈寄內用劍花韻〉[2]。

下旬，出席南社小集於臺南四春園。席中有張達光、張甦園、
　謝石秋、趙雲石、趙雲程、庭玉、安江五溪等。[3]雅堂作〈題
　春日南社小集圖〉誌之。

本年

夏，遊臺中，結識林資修、謝道隆。前者見著於《鈍庵詩草·
　序》：「丁未（1907）辛亥之際，余居大墩，與林南強遊……。」
　後者見〈謝頌臣先生傳〉：「丁未（1907）夏，余旅臺中，始
　獲交先生。聆其言論，眉稜間隱有俠氣，豈非古之隱君子也
　歟！」

---

[1]　〈擬開詩宴〉，《漢文臺灣日日新報》，1907.02.14，第 4 版。
[2]　蔡珮香，〈寄內用劍花韻〉，《臺灣日日新報》，1907.03.28，第 1 版。
[3]　張達光，〈題春日南社小集圖　七律有序〉有句云：「揮毫珠玉妙辭章（謂
　　庭玉及雅堂君等）」。參《臺灣日日新報》，1907.03.28，第 1 版。

冬，結識呂敦禮（厚庵）。據〈厚庵遺草序〉：「丁未（1907）冬，
　　余游大墩，見厚庵於逆旅，握手若平生。」

仲冬，假林獻堂之萊園養病十六日。事見〈萬梅崦記〉，「丁未
　　（1907）仲冬，余假萊園養疴，旬有六日，日與林子游於山
　　之上下。」

友人郭維嵩病卒，撰〈郭壽青傳〉[4]：「丁酉（1897）夏六月既
　　望，余與沈少鶴、李兆陽諸子泛舟安平，壽青亦抱琵琶至。……
　　越十年而壽青竟以貧病死，年三十有二。嗚乎哀哉！」

---

[4]　連橫，亦見《雅堂先生年譜》。

明治四十一年（1908），31 歲

2 月

已任職於《臺南新報》。按：確切任職時間無可考，據此報導，1908 年應已在職。[1]

4 月

5 日，林癡仙母陳太孺人病卒。翌年，為作〈林母陳太孺人墓表〉。[2]

24 日，抵臺北，擬調查「臺灣通史」材料。[3]

28 日晚間，詩友於艋舺平樂遊旗亭開歡迎會，席上有石川柳城、伊藤壺溪（賢道）、尾崎白水、洪逸雅、謝雪漁、李逸濤、神谷泳山、原田天南、大東等人。作〈戊申春暮淡北諸公招飲即席賦呈〉、〈戊申春暮平樂遊旗亭讌集席上聯句用柏梁體〉。[4]

---

[1] 「臺南新報漢文記者，雅堂氏，擬來廿三日到北，調查『臺灣通史』材料。」〈萬紫千紅〉，《漢文臺灣日日新報》，1908.02.21，第 5 版。

[2] 「太孺人生於清代道光己酉（1849）十一月二十有六日，卒於日本明治戊申（1908）三月初三日，享壽六十。以翌年某月某日葬於霧峰之麓。」雅堂，〈林母陳太孺人墓表〉，《雅堂先生文集》。

[3] 〈編輯日錄 四月二十四日〉，《漢文臺灣日日新報》，1908.02.25，第 5 版。

[4] 雅集唱和贈答作品分見於後：〈旗亭雅集〉，《漢文臺灣日日新報》，1908.04.30，第 5 版。連雅堂，〈戊申春暮淡北諸公招飲即席賦呈〉，《臺灣日日新報》，1908.04.30，第 1 版。雅堂等，〈戊申春暮平樂遊旗亭讌集席

5 月

30 日，洪以南題贈〈謹和雅堂詞史席上口占瑤韻〉[5]。

8 月

5 日，謝頌臣於科山之生壙落成，雅堂、林朝崧、傅錫祺、林幼春、陳槐庭五氏為檄知海之內外，賦贈詞章，擬彙帙付梓。[6]

本年

※春，攜眷移居臺中，入《臺灣新聞》社漢文部[7]，並開始撰寫「臺灣通史」。借住霧峰林家林資鏘於臺中車站北側一帶之別墅瑞軒。雅堂暫居此地，交通便利，四方來遊台中者無不到訪，櫟社社友亦時相往從，櫟社在此開大會，雅堂作《瑞軒詩話》於《臺灣日日新報》連載。緣是，瑞軒之名大噪，聞於遐邇。

※秋，東遊日本，賴紹堯餞行，作〈送雅堂遊京濱〉。

上聯句用柏梁體〉，《臺灣日日新報》，1908.04.30，第 1 版。雅堂等，〈戊申春暮平樂遊旗亭讌集席上聯句用柏梁體〉，《漢文臺灣日日新報》，1908.04.30，第 1 版。連雅堂，〈淡北諸公招飲即席賦呈〉，《漢文臺灣日日新報》，1908.04.30，第 1 版。〈官紳紀事〉，《漢文臺灣日日新報》，1908.04.25，第 2 版。

5　洪以南，〈謹和雅堂詞史席上口占瑤韻〉，《臺灣日日新報》，1908.05.30，第 1 版。

6　〈徵詩文啟〉，《漢文臺灣日日新報》，1908.08.05，第 5 版。

7　編按：據新出土文獻之研究指出，雅堂任職《臺灣新聞社》應為 1911 年 7 月之後，詳參廖振富，〈〈傅錫祺日記〉的發現及其研究價值：以文學與文化議題為討論範圍〉，《臺灣史研究》18 卷 4 期（2011.12），頁 215-216。

◆結識鹿港詩人洪繻、鰲峰詩人陳錫金、櫟社詩人賴紹堯,並
　時與霧峰林朝崧交遊,皆成莫逆。

◆遊埔里,考察當地方里之沿革、始末,以作〈埔里社志〉[8]。

詩友呂敦禮病卒。後二年,受林癡仙囑託,作〈厚庵遺草序〉[9]。

8　按:本志收於《雅堂先生集外集》,附趙雲石序,篇名為「臺灣(地理志)
　　〔通史〕　埔里社(第十)〔志〕」,然《臺灣通史》並無地理志,《外集》
　　係自稿本收錄,封面題「臺灣通史」及「埔里社志略」。

9　「丁未(1907)冬。余見於大墩逆旅。握手若平生歡。翌年春。余來寓大
　　墩。思一過訪。越數月。而厚庵逝。竟不得再見為憾。」雅堂,〈厚庵遺
　　草序〉,《雅堂先生文集》。

明治四十二年（1909），32 歲

2 月

11 日，紀元節，出席臺中廳長佐藤謙在知事舊館的招宴。席中有蔡蓮舫、王學潛、山田孝、林幼春、陳百川、吳鸞旂、林耀亭、呂鶴巢、傅錫祺、鷹取岳陽、呂汝玉、蔡敏川、蔡敏南、林紀堂、蔡啟華、林獻堂、文斯霞、林燕卿，以及當時著名書畫家久志本梅莊等。[1]

久志本梅莊，東京著名書畫家，於明治四十一年（1908）12 月 23 日抵臺北[2]，四十二年（1909）3 月左右離臺。[3]

21 日，發表〈敬和佐藤太守祝紀元節瑤韻〉[4]，《詩集》未收。

4 月

3-4 日，以櫟社委員之銜出席櫟社春季例會。[5] 與會者包括雅堂共 16 人。

---

[1]　竹亭佐藤謙，〈明治己酉紀元節日設雅筵於知事舊館恭賦長句一篇聊以引諸士高吟云爾〉，《臺灣日日新報》，1909.02.19，第 1 版。林幼春，〈敬和佐藤太守祝紀元節瑤韻〉，《臺灣日日新報》，1909.02.19，第 1 版。林獻堂，〈敬和佐藤太守祝紀元節瑤韻〉，《漢文臺灣日日新報》，1909.02.24，第 1 版。

[2]　〈書家來臺〉，《漢文臺灣日日新報》，1908.12.26，第 4 版。

[3]　深谷蘇堂，〈送久志本梅莊東歸〉，《臺灣日日新報》，1909.03.18，第 1 版。

[4]　連雅棠，〈敬和佐藤太守祝紀元節瑤韻〉：「東風駘蕩雨初晴，花柳樓臺分外明。沉海未堪書劍老，春城何興燕鶯驚。水流大甲環南國，山聳新高拱上京。今日主賓貪唱和，敲詩忘聽午鐘鳴。」《臺灣日日新報》，1909.02.21，第 1 版。

賓客有臺中廳長、廳屬 2 人、通譯廖某、臺南謝石秋、霧峰林燕卿、臺中江介石等。

課題〈春日遊臺中公園〉。薄暮至臺中公園物產陳列館前攝影，後再開擊鉢吟會，詩題有〈櫟社雅集〉、〈閏二月十三日瑞軒即景〉、〈楝花〉、〈捲菸草〉等。

8 月

10 日，南社社長蔡國琳卒[6]。

社友改奉趙鍾麒為社長。

本年

※春，因居瑞軒，與中部詩人及櫟社往來密切，應林朝崧之邀，入櫟社。與南社聯繫漸稀。

仲春，趙鍾麒為〈埔里社志〉作序[7]。

◆櫟社社友計 24 人，即蔡振豐、賴紹堯、陳瑚、林朝崧、陳懷澄、林資修、林資銓、傅錫祺、莊嵩、葉仁昌、莊龍、張棟樑、陳貫、鄭聰楫、王學潛、黃炎盛、鄭玉田、蔡惠如、林載釗、林文華、張麗俊、袁炳修、陳錫金及雅堂。[8]

5　〈詩人雅集〉，《漢文臺灣日日新報》，1909.04.02，第 4 版。

6　「臺南廳參事蔡國琳孝廉。於去十日赴召修文。都人聞訃傷心。皆為悼惜。」〈哲人其萎〉，《漢文臺灣日日新報》，1909.08.13，第 5 版。

7　「己酉（1909）春仲臺南趙雲石序於□竹山房。」趙雲石，〈埔里社志　序〉，《雅堂先生集外集》，頁 5。

8　1910 年 1 月 25 日鄭聰楫卒。

明治四十三年（1910），33 歲

4 月

24-25 日，出席於瑞軒舉辦之櫟社大會。雅堂時任櫟社理事，協助接待。出席者有櫟社長蔡啟運、張棟樑、陳槐庭、賴紹堯、傅錫祺、林癡仙、鄭汝南，南報記者謝石秋，南社陳筱竹、連應榴，瀛社林湘沅、洪以南、李漢如、王毓卿，另外彰化吳立軒、臺南陳瘦雲，羅山吟社諸友、鄭鵬雲、王箴盤、安江五溪、鄭鴻猷、王學潛等人。

按：23 日部份詩人入住瑞軒，24 日開會，蔡啟運起述式辭，次南社代表蘇孝德朗誦祝辭，瀛社林湘沅、古奇峰吟社代表王箴盤先後口祝，繼則雅堂演說。兼議各吟社聯合活動，眾人贊成。式終，借公園內殖產陳列所前攝影紀念。入夜開宴，邀妓六名，席上以「庚戌櫟社大會即事」為題，把盞吟詩。25 日各社友贈答唱和，入夜開筵，以癡仙、紹堯、槐庭、獻堂諸君為主，席間抽分贈品，槐庭、癡仙、獻堂、汝南等則乘興吹竹彈絲。更闌，乃各歸寢。26 日來賓陸續散去，林湘沅、陳瘦雲、連應榴數人仍留臺中，午後獻堂招待遊霧峰萊園。27 日再開擊鉢，紹堯、雅堂各任左右詞宗，以「瑞軒觀芍藥」為題，限一先韻。[1]

---

[1]　湘，〈赴櫟社大會日記（一）〉，《漢文臺灣日日新報》，1910.04.30，第 5 版。
　　　湘，〈赴櫟社大會日記（二）〉，《漢文臺灣日日新報》，1910.05.01，第 7 版。

5月

4日，安江五溪題贈〈訪雅堂仁兄於瑞軒席上賦此〉[2]。

◆9日，岳母王氏卒。8月12日葬於臺南南門外竹溪寺旁。作〈外舅沈德墨先生暨配王太孺人墓誌銘〉。[3]

6月

16日，訪《臺灣日日新報》社。[4]出席稻江小集[5]，與詩友唱和，結識魏清德。

---

[2] 安江五溪，〈訪雅堂仁兄於瑞軒席上賦此〉，《臺灣日日新報》，1910.05.04，第1版。

[3] 按：《年譜》據連橫〈外舅沈德墨先生暨配王太孺人墓誌銘〉：「太孺人生於道光己酉（1849）八月十有六日，卒於明治庚戌（1910）五月初九日，享壽六十有二齡。越八月十有二日，葬於郡南門外竹溪寺之旁。」認為乃國曆紀年，併標註農曆。據郭晏萍〈日治時期臺灣古典詩中的三大節令書寫研究〉（屏東：屏東大學中文系碩士論文，2017）指出，日人於1895年入臺之初便頒行改西曆政策，並引黃茂清〈辛丑（1901）元旦〉詩「正朔頒行異舊時，如今六度祝年禧。」為證。民國肇建，孫中山鼓吹西曆紀年，效果不彰，直到民國十五年（1926）國民政府通令政府機關一律使用西曆，方有所成。雅堂頗欽敬孫中山，或因此響應改曆，民國五年（1916），雅堂參與「臺南習俗改良會」，響應總督府的新年改曆政策，足見雅堂有使用西曆的行動。惟於創作之繫年標署，往往中西曆互見，其詳實有待逐篇考證，工程不可謂簡易。惟雅堂於（西曆）6月16日拜訪《臺灣日日新報》社、並出席詩酒之會，若岳母卒日在「五月初九日」，係中曆紀年（西曆6月15日），猶未出喪，似不符人情之常。故此地從《年譜》之說。

[4] 「本日連雅堂君來訪。坐談片刻。乃挹別而去。」〈編輯日錄（六月十六日）〉，《漢文臺灣日日新報》，1910.06.17，第7版。

[5] 小浪仙，〈稻江小集呈雅堂先生即請籌政〉，《臺灣日日新報》，1910.06.23，第1版。

7 月

1 日，石卿小謫仙贈詩〈稻江小集呈劍花名士並乙正〉、〈同上用小浪仙雅韻〉[6]。

24 日，發表〈題臥霞君畫梅圖〉[7]。

9 月

◆18 日，出席嘉義羅山吟社秋季大會。

11 月

出席櫟社第三回紀念詩會，會場於霧峰萊園考槃軒，席中有林獻堂、林癡仙、林幼春、陳槐庭、蔡啟運、李漢如、戴還浦、鄭毓臣、莊竹書、呂允白等廿餘人。[8]

12 月

21 日，於《漢文臺灣日日新報》、《臺灣日日新報》連載〈志乘埔里社沿革志〉至 1911 年 1 月 9 日，共 9 回，《文集》、《通史》未收。[9]

---

[6] 石卿小謫仙，〈稻江小集呈劍花名士並乙正〉、〈同上用小浪仙雅韻〉，《漢文臺灣日日新報》，1910.06.30，第 1 版。

[7] 雅堂，〈題臥霞君畫梅圖〉，《漢文臺灣日日新報》，1910.07.24，第 1 版。按：臥霞為賴臥霞。賴臥霞，〈四春園雅集會陳槐庭林獻堂林癡仙三詞兄偶吟〉，《漢文臺灣日日新報》，1906.12.01，第 1 版。

[8] 〈萊園詩會〉，《漢文臺灣日日新報》，1910.11.22，第 3 版。

[9] 雅堂，〈志乘　埔里社沿革志（一）〉，《漢文臺灣日日新報》，1910.12.21，第 1 版。

24-25 日，發表〈埔里社四首〉[10]。

26 日，於《漢文臺灣日日新報》連載〈瑞軒詩話〉[11]至 1911 年 3 月 20 日，共 9 回[12]，僅見於報章，未梓行。

31 日，發表〈歲暮之感〉[13]，《文集》未收。「天地逆旅也，光陰過客也，吾人生斯長斯歌斯哭斯，而三百六十有六日之間，忙忙碌碌逐逐營營，乃無一剎那之休息者，何也？曰：希望故。……嗚乎！希望者，無窮之寶也，世界之動力，人類之精神也，偉人之鞭策也，事業之資本也，功名之權輿也。吾人生斯長斯，歌斯哭斯而三百六十有六日之間，忙忙碌碌逐逐營營，無一剎那之休息者，為此希望而已。嗚乎！今年之希望已故。烏乎！明年之希望又新。」

本年

作〈沈少鶴傳〉：「少鶴沒（按：1904）四年，而其幼弟殤，次弟授室，余為之悲而喜也。又一年（按：1905），德墨公逝。又五年（按：1910），王太孺人亦逝。余為之治喪營葬，處家事。顧此十年間，無時不以少鶴為念。今遺孤稍長，皆肄業於學校，必有振興之一日，亦可以慰我少鶴於地下也夫。」[14]

◆林獻堂及呂琯星加入櫟社，社友維持為 24 人。[15]

10　連雅棠，〈埔里社四首〉，《臺灣日日新報》，1910.12.24-25，第 1 版。

11　棠，〈瑞軒詩話（一）〉，《漢文臺灣日日新報》，1910.12.26，第 1 版。

12　按：最後一回標目為 13 回，目前第 8 回未見。

13　棠，〈歲暮之感〉，《漢文臺灣日日新報》，1910.12.31，第 1 版。

14　劍花，〈沈少鶴傳〉，《漢文臺灣日日新報》，1911.03.10，第 1 版。

15　1910 年鄭聰楫卒，本年袁炳修卒，林獻堂、社員增加 2 人，總數仍為 24 人。

林癡仙輯呂敦禮（1871-1908）遺詩成《厚庵遺草》，雅堂作
〈厚庵遺草序〉。

明治四十四年（1911），34 歲

1 月

1 日，在《漢文臺灣日日新報》、《臺灣日日新報》連載〈婆娑洋聞見錄〉至 1912 年 3 月 29 日，共 22 回；《文集》未收。[1]

1 日，發表小說〈豬八戒東游記　第五回　護國寺內唐僧說教　度歲關外天狗落荒〉[2]，《文集》未收。

14 日，於《漢文臺灣日日新報》連載〈史傳　臺東拓殖列傳〉至 1 月 16 日，共 3 回。[3]。

19 日，發表〈郭壽青傳〉[4]。

21 日，發表〈蓮子小傳〉[5]，《文集》未收。「蓮子，彰化人，勾闌中之翹楚也。……余友鄒生小奇從軍至彰，見而說之。……而蓮子亦傾心事之。居無何，城破。小奇自營奔出，孑然一身。念非蓮子莫可與居者，急至其家。……遂匿諸室內，綢繆備至。既數日，聞路有行人，具裝送之。曰：君如不棄微賤，旦夕一臨存也。小奇始得歸。……荏苒數年，而蓮子死矣。……嗚乎！士大夫之作為，曾女子之不若，又何必於風

---

[1] 雅堂，〈婆娑洋聞見錄〉，《漢文臺灣日日新報》，1911.01.01，第 1 版。

[2] 雅棠，〈豬八戒東游記　第五回　護國寺內唐僧說教　度歲關外天狗落荒〉，《漢文臺灣日日新報》，1911.01.01，第 7 版。按：目前僅見此回。

[3] 雅堂，〈史傳　臺東拓殖列傳（上）〉，《漢文臺灣日日新報》，1911.01.14，第 1 版。

[4] 雅堂，〈郭壽青傳〉，《漢文臺灣日日新報》，1911.01.19，第 1 版。

[5] 雅堂，〈蓮子小傳〉，《漢文臺灣日日新報》，1911.01.21，第 1 版。

塵中求友哉？烏乎！蓮子者，始可謂之友也。而小奇能得之。
而不能終之。小奇誠薄情人也。」

12 日，發表〈鐵砧山記〉[6]，《文集》未收。「鐵砧山在大甲溪西。
　高不過百仞，而山勢崔巍，饒有英偉之氣。山中有井，泉甘
　冽，大旱不涸，人稱國姓井。……光緒乙酉，竹邑人余寵林
　鏘等立石記其事，指為延平郡王成功駐師之地。……然則駐
　師此地者，嗣王經也。延平入臺未久，遽辭社稷。洎經之世，
　稍張大版圖，拓地至於北鄙，諸番有不庭者則討之。鐵砧山
　者，亦鄭氏威稜之地也。落日平原，秋風故國，過大甲溪者
　能無盛衰興亡之感？」

22 日，發表〈林圯傳〉[7]。

30 日，響應斷髮運動，與蔡惠如一同斷髮，並合照紀念。為臺
　中地區之先，林獻堂贈禮服一襲以祝其革新。[8]但未改裝，仍
　著長袍短褂。[9]

30 日，連載〈鰲峰游記〉至 2 月 1 日，共 2 回。《文集》未收。

2 月

施景琛[10]自閩來臺考察實業，有〈贈連君雅堂〉七律。[11]

---

[6] 為紀史之文。雅堂，〈鐵砧山記〉，《漢文臺灣日日新報》，1911.01.23，第 1
　版。按：又於《臺灣日日新報》重刊，連雅棠，〈鐵砧山記〉，《臺灣日日
　新報》，1911.01.28，第 1 版。

[7] 雅堂，〈林圯傳〉，《漢文臺灣日日新報》，1911.01.22，第 1 版。

[8] 〈臺中通信（上月三十日發）斷髮勵行〉，《漢文臺灣日日新報》，
　1911.02.01，第 2 版。

[9] 〈臺中通信（三日發）斷髮繼起〉，《漢文臺灣日日新報》，1911.02.07，第
　3 版。

任臺中合昌商會理事。[12]按：不詳始於何時。

10 日，出席臺南區長陳修五於役場舉辦之南部斷髮會，並發表演說，一時響應者數十人。[13]

11 日，南社詩人藉南部物產共進會之期（2 月 1 日至 21 日）[14]，舉辦全臺詩界大會，雅堂作〈南社大會記〉誌之[15]。按：詩界大會於午前 10 時在臺南公館開幕，陳瘦雲報告開式，南社長趙雲石朗讀式詞、櫟社／竹社長蔡啟運祝詞、瀛社代表林湘

---

[10] 施景琛（1872-1956），字涵宇，生於鹿港，早歲僑居福州，光緒二十三年（1897）舉人，歷任中華民國眾議院議員，總統府、國務院秘書、參議等。日治時曾來臺觀光，籍隸福建長樂，並將遊歷紀錄輯為《鯤瀛日記》。戰後返台，居台中。著有《泉山詩文集》，編有《鷺江集》、《泉山古物編》。參《鹿港鎮志・人物志》（彰化：鹿港鎮公所，2000）。

[11] 〈鷺江通信（一月二十七日發）名士來遊〉，《漢文臺灣日日新報》，1911.02.03，第 3 版。「對岸福州省城實業協會長施景琛，商業學堂監督陳訓昶，格致科進士孫昌潤，定於華曆一月初八日，偕閩報社社長、前島興氏，由福州買棹至鷺門，轉乘大坂輪船到臺灣，參觀實業界，并沿途參觀各製糖會社以及臺南共進會。廈門紳商得信後，準備歡迎。施陳諸君，曾肄業和文周旋應對，不藉翻譯。到臺時，與內地人本島人往來，定親切有味也。」

〈清官來臺〉，《漢文臺灣日日新報》，1911.02.21，第 3 版。「福建實業協會會長、諮議局議員工業學堂監督、新聞社會長施景琛氏，福建中等商業學堂、監督實業協會調查部長、商科舉人、東京高等商業學校出身陳訓昶氏，福建農學堂監督、代理總教席東京農科大學出身洪禮修氏，由帝國駐閩領事勸誘渡臺，觀覽南部共進會，然後觀察全臺全廳各項改良發達事務，訂於本月二十一日三氏來嘉。已由當道街道，行知該地官紳。擬為三氏開歡迎會，以重邦交云。」

[12] 〈臺中通信（上月三十日發）斷髮勵行〉，《漢文臺灣日日新報》，1911.02.01，第 2 版。

[13] 〈斷髮繼起〉，《漢文臺灣日日新報》，1911.02.15，第 3 版。

[14] 〈紀南部共進會閉會式況〉，《漢文臺灣日日新報》，1911.02.23，第 2 版。

[15] 〈臺中通信（廿五日發）同氣相求〉，《漢文臺灣日日新報》，1911.01.27，第 3 版。劍花室主，〈南社大會記〉，《漢文臺灣日日新報》，1911.02.27，第 1 版。

沅祝詞、羅山吟社代表莊伯容祝詞，陳瘦雲報終式。後轉往四春園，又赴兩廣會館，至午後 3 時，拍攝寫真紀念，入夜開宴。與會者六十餘人，有陳錫如、陳梅峰、林慶岐、林慶資，（瀛社）顏雲年、許梓桑、王毓卿、倪炳煌。[16]（又：出席名單櫟社有林癡仙、賴紹堯、黃旭東、林獻堂、陳槐庭、鄭汝南、蔡惠如等人，未見當日活動報導，其果然出席否，待考。）

19 日，臺南青年會於西門外水仙樓旗亭，開宴以倡斷髮不改裝。洪以南、謝汝銓、雅堂適往觀臺南共進會，乃與會，並為演說。[17]

7 日，於《漢文臺灣日日新報》連載〈臺南名勝志〉[18]至本月 19 日，共 10 回。其序云：「南部物產共進會，以二月朔日，開設於臺南郡治之西北隅。內外士女之往觀者，當不可以數計。是則我臺南之名譽也。夫臺南爲全臺首善之區，而典章文物所籍以發生者也。三百年來，蒸蒸日上。余素有臺南進化史，欲刊載之，恐旬日而不能盡。然而臺南之名勝，固內外士女之所欲知者。今試陳其大略亦足以爲游者之引道焉。」其文與收入《文集》之「臺南古蹟志」略有出入。

22、25 日，於《漢文臺灣日日新報》連載〈顏鄭列傳〉[19]，共 2 回，與《通史》略異。

---

[16] 〈南社大會〉，《漢文臺灣日日新報》，1911.02.13，第 3 版。
[17] 〈臺南青年斷髮補誌〉，《漢文臺灣日日新報》，1911.02.25，第 3 版。
[18] 雅堂，〈臺南名勝志（一）〉，《漢文臺灣日日新報》，1911.02.07，第 1 版。
[19] 劍花，〈顏鄭列傳（上）〉，《漢文臺灣日日新報》，1911.02.22，第 1 版。

27 日，發表〈蓮卿小傳〉[20]，《文集》未收。「蓮卿姓李氏，臺
南人。父為拳師，家貧鬻諸勾闌。年十五，丰姿妙曼，楚楚
可憐。庚子冬，余開赤城花榜，拔女冠軍，一時艷名嘖嘖。……
鴇強命接客，女不肯，醉而污之。事聞，姊妹輩皆恥，而女
亦自傷憔悴矣。越年春，有富家子欲以千金脫其籍，而迫於
父命。不能就。既數月，女亦病死。……余既憫女之薄命，
又幸其早死也，為詩弔之，和者十數人，得詩五十餘首。編
而存之，曰：悼蓮集。」

27 日，發表〈南社大會記〉[21]，《文集》未收。「辛亥春，二月
十有一日，南社開全臺詩界大會於臺南，全臺之士與會者六
十有餘人。冠裳薈萃，文酒風流，一時稱盛。……橫尤願與
我同人一發揮之，以揚臺灣詩界之天聲。」

3 月

與獻堂漫遊臺北；訪《臺灣日日新報》社。期間並過訪新竹，
結識王松。[22]

28 日，梁啟超偕長女令嫻及湯叡自日本神戶抵基隆。林獻堂邀
雅堂及甘得中迎於基隆埠頭。翌日，啟超應雅堂之請，書二
幅贈之。31 日，臺人設歡迎宴於臺北東方薈旗亭招待梁啟超
一行。[23]

---

20 劍花，〈蓮卿小傳〉，《漢文臺灣日日新報》，1911.02.27，第 1 版。
21 雅堂，〈南社大會記〉，《漢文臺灣日日新報》，1911.02.27，第 1 版。
22 〈編輯日錄（二月廿八日）〉，《漢文臺灣日日新報》，1911.03.01，第 3 版。
23 梁啟超，〈二月廿四日偕荷庵及嫻兒乘笠戶丸游臺灣廿八日抵雞籠山舟中
雜興〉，《臺灣日日新報》1911.03.29，第 1 版。〈編輯日錄（四月十一日）〉，
《漢文臺灣日日新報》，1911.04.12，第 3 版。「梁任公滯臺約兩星期，今

4 日，發表〈陳鞠譜傳〉[24]。

6 日，發表〈阿緣小傳〉[25]，《文集》未收。「阿緣，某甲侍兒也，
美而慧。……此一段風流佳話，余知之諗。暇當為編傳奇示
諸世（劍花附志）」

10 日，發表〈沈少鶴傳〉[26]。

12 日，發表〈瑞軒記〉[27]。

16 日，於《漢文臺灣日日新報》連載〈臺中之今昔〉[28]至本月
26 日，共 4 回。「余旅臺中三年，日與其士夫游，欲以考求
臺中之歷史，而少有能道者。嗚呼！不亦異哉。……余乃考
求其建置之沿革，與其地理之險夷，民風之淳雜，事物之盛
衰。而詳細討論，以為今日之比例也。」《文集》、《通史》未
收。

21 日，於《漢文臺灣日日新報》連載〈臺灣貨幣志〉[29]至 4 月 9
日，共 3 回，「臺灣遠處東海，中古未入版圖。……荷蘭領臺
之時，用其國貨，志稱蕃錢。」為《文集》、《通史》未收。

日已首途東歸。潤庵與林獻堂洪以南鄭鵬雲諸氏等，往送於基隆。聞任公
此次來臺，其赴中南也，各地詩人皆為歡迎會，唱酬甚樂。今之歸，其奚
囊必為盛滿矣。」

[24] 劍花，〈陳鞠譜傳〉，《漢文臺灣日日新報》，1911.03.04，第 1 版。

[25] 劍花，〈阿緣小傳〉，《漢文臺灣日日新報》，1911.03.06，第 1 版。

[26] 劍花，〈沈少鶴傳〉，《漢文臺灣日日新報》，1911.03.10，第 1 版。

[27] 劍花，〈瑞軒記〉，《漢文臺灣日日新報》，1911.03.12，第 1 版。

[28] 劍花，〈臺中之今昔（一）〉，《漢文臺灣日日新報》，1911.03.16，第 1 版。

[29] 雅堂，〈臺灣貨幣志（上）〉，《漢文臺灣日日新報》，1911.03.21，第 1 版。

4 月

蔡啟運逝世，為撰〈蔡啟運先生事略〉。按：雅堂與櫟社林癡仙、
　傅鶴亭、黃旭東、鄭汝南、蔡惠如、林望洋等集議公弔之事，
　雅堂撰誄，並推舉癡仙、鶴亭前赴苑裡弔奠。[30]

2 日，與林獻堂、甘得中、林馨蘭（湘沅）等偕梁啟超一行乘
　車返臺中。[31]

◆7 日，梁啟超一行與林獻堂、林朝崧、林資修、陳懷澄等夜
　宴於萊園，雅堂未與會，或因其主革命之立場與梁啟超保皇
　之理念不合。啟超曾語雅堂曰：「**少時作詩，亦欲革命。後讀
　唐、宋人集，復得趙堯生指導，乃知詩為國粹，非如制度物
　采可以隨時改易，深悔孟浪。**」（據《詩薈餘墨》原載第二號）

29 日，完成〈蔡啟運先生事略〉，並寄達《臺灣日日新報》社。[32]

5 月

仍僑寓臺中。[33]

妻沈少雲響應臺北解纏會之運動。[34]

10 日，攜四史全部至（臺中）中央金曜會，以為讀史之資。[35]

---

[30]　〈臺中通信（廿八日發）　死生契闊〉，《漢文臺灣日日新報》，1911.05.01，
　　第 3 版。
[31]　〈官紳紀事〉，《漢文臺灣日日新報》，1911.04.03，第 2 版。
[32]　〈編輯日錄（四月廿九日）〉，《漢文臺灣日日新報》，1911.04.30，第 3 版。
[33]　〈解纏響應〉，《漢文臺灣日日新報》，1911.05.25，第 3 版。
[34]　〈解纏響應〉，《漢文臺灣日日新報》，1911.05.25，第 3 版。
[35]　〈餘事作詩〉，《漢文臺灣日日新報》，1911.05.15，第 3 版。

2 日，發表〈蔡啟運先生事略〉[36]。「戊申春，余來臺中，獲與
　櫟社諸子游，時以詩相酬唱，甚自樂也。顧櫟社濟濟多士，
　而群奉蔡啟運先生為領袖。……先生諱見先，字振豐，又字
　啟運，享壽五十有七齡。訃至之日，向人深惜。先生之行事
　甚多，余不傳，傳其詩。」

24 日，發表〈無悶草堂記〉[37]，《文集》未收。「林子癡仙既不
　得志於時，退而居田舍，築草堂曰無悶，讀書課田，有終隱
　之志。連橫造而訪之。……嗚乎，林子豈真遯世也哉！余與
　林子，文字友也，知之諗。林子豈有託而逃也。顏子之在陋
　巷也，簞飯瓢歡不改其樂，孔子稱之。名教中自有樂地，又
　何必於風塵中求生趣哉！」

6 月

12 日，發表〈禁養苗媳議〉[38]，《文集》未收。「臺灣舊俗之最
　害者有三，曰養苗媳、蓄妾、虐婢也。此三者，皆人道之蟊
　賊，國法之梟鏡，而仁人志士所為扼腕而切齒者也。顧我台
　之士君子未有言禁之者，則言之，而聞者或以為迂。烏乎昭
　代文明之世，而尚有污亂慘酷之習俗，余其能已於言乎？茲
　先陳苗媳之害，次及蓄妾、虐婢，以望我當局之革除焉。」

29 日，發表〈鳳山教案〉[39]，《文集》未收。「教之傳臺灣也，
　自荷人始。……當鳳山教案之起也，郡民聞之快。越三日，

36　劍花，〈蔡啟運先生事略〉，《漢文臺灣日日新報》，1911.05.02，第 1 版。
37　劍花，〈無悶草堂記〉，《漢文臺灣日日新報》，1911.05.24，第 1 版。
38　劍花，〈禁養苗媳議〉，《漢文臺灣日日新報》，1911.06.12，第 1 版。
39　雅堂，〈鳳山教案〉，《漢文臺灣日日新報》，1911.06.29，第 1 版。

亦毀小東門內天主教堂，神甫走匿民家，守土官聞警彈壓。
而破壞已積。蓋臺人自阿片戰役以來，久蓄排外思想，自之
既深，發之必大，而是時歐人之布教者為新為舊，悉以邪教
目之。登高一呼，萬山響應，其勢之烈誠有莫能過者。嗣援
鳳山之例以平，迄今四十餘年。而民教之間乃無仇視之事，
亦可喜也。」

7 月

為傅錫祺母江太孺人七十一壽辰作序。[40]按：目前未見該文。

8 月

次女春臺（年十一）為臺中公學校五年級生，於本月底赴東京
留學。委由林階堂、郭廷俊保護東上。[41]

欲為留仙女史（王香禪）作傳，被婉拒。[42]

10 日，於《漢文臺灣日日新報》連載〈吳沙傳〉[43]至本月 12 日，
共 3 回。

15 日，發表〈獨自語〉[44]，分為「文通恨賦」、「湯卿謀日」、「情
之一字」、「一年四時」等 11 小條目，類似〈詩薈墨餘〉。《文
集》未收。

40　〈奉觴上壽〉，《漢文臺灣日日新報》，1911.07.10，第 3 版。

41　〈少女留學〉，《漢文臺灣日日新報》，1911.08.24，第 3 版。〈編輯賸錄（八
月廿五日）〉，《漢文臺灣日日新報》，1911.08.26，第 3 版。

42　〈意簡〉，《漢文臺灣日日新報》，1911.08.22，第 3 版。

43　雅堂，〈吳沙傳〉，《漢文臺灣日日新報》，1911.08.10，第 1 版。

44　劍花，〈獨自語〉，《漢文臺灣日日新報》，1911.08.15，第 1 版。

9 月

仍居臺中，臺北風災，去函《臺灣日日新報》慰問。[45]

10 月

4 日晚間，出席中央金曜會一週年紀念會，並擔任首唱之左詞宗。該會開於臺灣米穀公司樓上，與會者十餘人，其他詞宗有林幼春、林癡仙、林獻堂。[46]

22 日，雅堂作，小野西洲譯，〈養媳の弊〉[47]。

11 月

12 日下午，與林癡仙、葉篤軒出席清流吟社於臺中公園舉辦的一週年大會。

清流吟社為宦臺日人所組成，每月課詩一回以揚風扢雅，社員有永鳥蘇南、柳田陵村、田口香石、西山樵夫等。[48]

13 日下午，為中央金曜會會期，瑞軒梅花逢盛開，雅堂乃任東道，函招會友觀梅，與會者傅錫琪、鄭嘯陵、黃旭東、蔡惠如、林子瑾、林望洋等。[49]

---

[45] 〈編輯謄錄（九月八日）〉，《漢文臺灣日日新報》，1911.09.09，第 3 版。

[46] 〈詩會紀盛〉，《漢文臺灣日日新報》，1911.10.07，第 3 版。

[47] 雅堂作，小野西洲譯，〈養媳の弊〉，《臺法月報》5 卷 10 期（1911.10.22），頁 36-38。

[48] 〈臺中通信（十四日發）吟社開宴〉，《漢文臺灣日日新報》，1911.11.16，第 3 版。

[49] 〈臺中通信（十五日發）雅人深致〉，《漢文臺灣日日新報》，1911.01.17，第 3 版。

26 日下午,與林癡仙自臺中攜眷,出席楊煥彩舉辦於彰化之觀菊會[50],與會有枝臺中廳長、木村庶務課長、彰化支廳長、鹿港支廳長,及臺人楊吉臣、吳德功等三十餘人,即席作詩。[51]

本年

◆生三女秋漢。秋大病,冬癒。

◆臺中市人林子瑾[52]加入櫟社,蔡啟運病卒,社員仍為 24 人。

◆以連震東 4 歲時抱獅的照片,徵求題詩;賴紹堯作〈題抱獅圖為雅堂少君作〉,林癡仙作〈戲為抱獅圖歌〉,此事見錄於〈瑞軒詩話〉中。

◆曾返臺南邀南社友吟於籟軒。又以將遊南京,撰〈歸鄉養病,忽忽二年,復有金陵之行,留別臺南諸友〉、〈席上〉。

---

[50] 〈觀菊會續報〉,《臺灣日日新報》,1916.11.26,第 6 版。〈秋花將放〉,《漢文臺灣日日新報》,1911.11.12,第 3 版。南強林幼春,〈壽楊煥彩翁〉,《臺灣日日新報》,1932.01.13,第 8 版。

[51] 〈觀菊開會〉,《臺灣日日新報》,1911.12.01,第 5 版。楊煥彩(約 1873-?),彰化人,業商。宅畔有地半畝,種菊千株,每年例開觀菊會,柬招臺中彰化諸官民與會,至 1916 年已為第 18 回。

[52] 故居位於第二市場附近,今仍存。

大正元年（1912），35 歲

1 月

8 日，遊萊園之萬梅崦，歸撰〈萬梅崦記〉，見載於《臺灣詩薈》第 12 號。[1]

27 日，發表〈弔敏卿詞兄〉[2]，未收入《詩集》。

2 月

12 日，清帝溥儀退位，撰〈告延平郡王文〉告祭鄭成功。[3]

---

1 按：〈萬梅崦記〉：「壬子（1912）正月初八日，歸而記之。」《年譜》作國曆。又雅堂〈告延平郡王文〉：「中華光復之年壬子春二月十二日」，考諸時事，則雅堂已使用國曆紀年。

2 連劍花，〈弔敏卿詞兄〉：「過江名士鯽魚多，爭似王敦慷慨歌。一樣壯心空抑鬱。金城衰柳尚婆娑。」「丈室維摩已破禪，詩情畫意兩超然。散花仙女如相問，早脫塵緣忉悧天。」「旂旐騷壇共賦詩，風流儒雅足吾師。燈前重展蘭亭序，不見羲之醉墨時。」「南征詞客阻長游，一賦難消萬古愁。他日艋津重走馬，不堪獨上仲宣樓。」「烏衣門巷夕陽斜，零落南朝幾暮笳。燕子不歸人又去，東風吹散野棠花。」《臺灣日日新報》，1912.01.27，第 5 版。按：王敏卿，櫟社友。

3 「中華光復之年壬子春二月十二日，臺灣遺民連橫誠惶誠恐，頓首再拜，敢昭告於延平郡王之神曰……」連橫，〈告延平郡王文〉，《雅堂文集》（南投：臺灣省文獻委員會，1992），頁 115。並參史事。

3 月

17 日，肺病癒，復執筆，並準備 4 月初攜長女入學校偕遊日本，
再取道中國至南京以華僑身分參加國會選舉。[4]

4 月

上旬，過新竹，與鄭伯端、鄭鵬雲、王松（友竹）、鄭蘊石聯袂
往遊奇峰。[5]

20 日，以出國在即，出席文友舉辦於瑞軒的餞別宴。與會有
櫟社社友、臺中紳士田邊、阪本、富士田、林季商等二十餘
人。[6]

宴後，林獻堂託交六百圓日幣贈梁啟超。將蓄留三十五年的
頭髮剪為西裝頭。

22 日[7]，自臺中乘車北上，夫人則攜子女回臺南。

23 日，自基隆搭船，與林子瑾同船出發往日本。雅堂為漫遊，
林子瑾為攜姪留學並考察產業。[8]

4　〈編輯賸錄（三月十七日）〉，《臺灣日日新報》，1912.03.18，第 4 版。〈名
醫救世〉，《臺灣日日新報》，1912.05.06，第 4 版。「今則連雅棠君病體復
原，已到日東游歷。」

5　〈奇峰人氣恢復〉，《臺灣日日新報》，1912.04.19，第 5 版。

6　〈臺中通信（廿二日發）詞人東上〉，《臺灣日日新報》，1912.04.25，第 5
版。

7　按：《年譜》作 3 月 22 日，但考之《臺灣日日新報》，應為 4 月事。下列
旅遊事蹟同。

8　「雅堂氏　二十三日內地に赴く」，〈雅堂氏〉，《臺灣日日新報》，
1912.04.25，第 2 版。「昨日午後零時十八分の汽車にて出發し亞米利加丸
便にて內地觀光の途に就けり」〈觀光蕃人出發〉第《臺灣日日新報》，
1912.04.25，第 2 版。

26 日,抵門司港。翌日,抵神戶。不久,李黃海(漢如)至,相約西行,乃同船赴上海。何作舟就訪於雅堂於旅邸,相見甚歡。

訪周壽卿[9]於華僑聯合會(上海二洋涇濱畔泗涇路 11 號),並結識馬來亞僑領吳世榮。(翌年,吳世榮發刊《光華日報》,雅堂與之。)隨後遊南京、杭州等地。

8 月

◆15 日,袁世凱捕殺前湖北軍務司副司長張振武、湖北將校團團長方維,輿論大嘩,雅堂乃作〈聞張振武之獄〉[10]。

◆19 日(七夕),赴蘇州、揚州等地遊歷,有〈蘇州旅次〉詩。

9 月

◆25 日(中秋),吳少侯邀訪張園,同坐者為謝愷(介石)、王夢癡(香禪)、林子瑾、李黃海、高幸君等,皆臺人也。

◆在上海遇莊嘯谷。嘯谷長期於南洋遊歷,曾至峇眼,並言及翁阿二故事,後雅堂撰〈翁阿二〉[11],輯入《文集》。

---

9 周壽卿為廈門倫敦教堂教士,為在廈門創辦女學堂,曾於 1906 年 2 月間來臺視察學務、募款。〈鷺江雁影(十二日發) 倡捐女學〉,《漢文臺灣日日新報》,1906.02.18,第 3 版。

10 按:考諸張振武之事,應為國曆。

11 峇眼:在新加坡西南,水行二日的地方,盛產蝦,常可獲暴利。翁阿二姓洪,本文敘述其人其家族在南洋之故事。

10 月

10 日，作〈壬子十月十日〉詩[12]。

本年

留置上海。

◆於譚仁鳳座中識王仁峰，把茗清談，竟至夜分。仁峰評雅堂
  曰：「學識淵博，見地深遠，對於吾輩革命事業，頗多激發，
  甚有心之士也。」（據王國璠《臺灣先賢著作提要》）

◆結識名妓張曼君[13]。

◆重晤當時已嫁給謝介石之王香禪。

◆與李黃海時相過從。

◆陳渭川卒，作〈弔陳瘦雲並寄南社諸子〉。

---

[12] 按：詩曰「三月三，春修禊。五月五，湘纍祭。九月之九作重陽，何如十
月之十國民呼萬歲！……。」

[13] 《年譜》曰：其時，上海勾闌中人有青樓學校之設，先生甚奇之。是即新
民胡同之青樓進化團，乃張曼君倡議，與柳如是、翁梅倩等共設者。如是
為團長，曼君佐之；聘女師二，教國文、算術、刺繡、音樂之學，朝授書
而夕度曲。曼君之言曰：「妓女亦國民，寧可自棄？」雅堂聞之，曰：「青
樓亦一業，修其容，習其聲，以售其技，博金錢於溫柔繾綣之中，故賢於
貪吏之強噬民血也。」（據〈大陸遊記〉卷一。〈大陸詩草〉有〈示曼君〉、
〈幼安香禪邀飲杏花樓並曰曼君同往〉、〈出關別曼君〉、〈寄曼君〉等四題，
〈大陸詩草〉本另有〈曼君持扇乞詩集定庵句四首贈之〉，刊本冊。）

大正二年（1913），36 歲

1 月

◆24 日，將赴北京之國會議員華僑選舉[1]，乃偕南洋華僑 27 人先赴南京遊歷。

28 日偕莊嘯谷入城，參觀暨南學堂。

後轉往天津，入北京。

選舉畢，當選國會議員華僑代表。

2 月

◆據〈大陸詩草・狂歌示陳彥侯陳召棠詩〉，於北京與陳熙亮、陳召棠結識。

3 月

◆遊張家口。又循京漢鐵路南下，遊歷至武昌、漢口、上海。仍留華僑聯合會中。

◆20 日，宋教仁於上海遇刺，袁世凱復向五國借款，反對者眾，時局大亂。

---

[1]　《年譜》作「一月二十四日」，應為國曆。按：第一屆華僑選舉會的參議員選舉於民國八年（1913）2 月 10 日舉行。參嚴泉，《現代中國的首次民主轉型：民國初年的憲政試驗》（臺北：秀威資訊，2009），頁 319。

適獲《吉林新報》之聘，乃離滬前往東北。

6 月

◆30 日，乘舟赴牛莊（即營口）訪王敬欣，握手甚歡，敬欣招
待甚殷。

7 月

◆1 日，自牛莊赴奉天。復遊長春、入吉林，宿謝愷家。翌日，
偕謝愷訪吉林聞人滿州世家松秀濤、《新吉林報》社長楊怡山
等人。是夕，怡山邀宴於第一樓，鬥酒賦詩，盡歡而散。

◆未幾，南方討袁事起，《吉新林報》被禁，乃與《吉林新報》
社主兒玉多一另創一報紙《邊聲》，以持公論。

8 月

◆1 日，次女春臺殤於台中，即葬。

◆16 日（中元節），日本林領事邀遊松花江。

9 月

◆1 日，袁世凱攻取南京，何海鳴血戰突圍，乃作〈讀報二首〉
詠之。

10 月

10 日，作〈癸丑十月十日〉五律一首。

11 月

◆4 日，袁世凱解散國民黨、撤銷黨籍議員 350 餘人，遂於《邊聲》上口誅之。

◆30 日，《邊聲》停刊。

大正三年（1914），37 歲

5 月

◆17 日，偕陳熙亮往謁王闓運（時任國史館館長）。

6 月

◆袁世凱幽章炳麟於北京東城錢糧胡同，常往請益史事。

10 月

10 日，作〈甲寅十月十日〉七律四首。

◆每以臧否人物而與清史館長趙爾巽爭執，又接母親、妻子馳書促歸，乃決意離京。

　將出都，以幅素請章炳麟題字留念，炳麟乃書作七絕以貽之。又以詩別李黃海，作〈出都別耐儂〉。

◆歸上海，邀友人謝碧田、白蘋洲共展莊嘯谷之墓，作〈展莊嘯谷墓〉[1]。

12 月

冬至前，歸抵臺北，訪魏清德，請為大陸遊歷期間諸詩作序。[2]

---

[1] 連橫，〈展莊嘯谷墓〉：「甲寅十月，歸次滬上，邀友人謝碧田、白蘋洲展其墓。傷我故人，黯然淚下。……」

26 日，魏清德題贈〈連君雅棠歸自北京冬至前一夜與余共榻因
賦贈五首〉[3]。

本年

◆春，自吉林返北京，作〈留別幼安香禪〉。

◆夏，清史館開於北京東華門內，受館長趙爾巽聘為名譽協修。
雅堂自言這段時間「游歷禹域，旅食燕京，出入史館，得覽
武英殿藏書，約略計之，亦已不少；然漢之九略，唐之四部，
明之永樂大典，清之四庫全書，卷帙浩繁，汗牛充棟，吾所
讀者能得其毫末否？」[4]

◆冬，返抵臺北，復歸臺南，再入《臺南新報》社任職，發表
「大陸遊記」、「大陸詩草」。

◆冬，返家，仲兄德裕賦詩以誌困苦。又有步趙鍾麒贈雅堂之
作。（據「城壁遺稿」）

◆冬，陳逢源初入南社，常請益於雅堂。

---

[2] 魏清德，〈大陸詩草魏序〉：「甲寅冬，連子歸自北京，夜歎余關，出所為
大陸詩草，以序屬余；既而別去，重以書相屬。」
[3] 怡儂子，〈連君雅棠歸自北京冬至前一夜與余共榻因賦贈五首〉，《臺灣日
日新報》，1914.12.26，夕刊第 1 版。
[4] 連雅堂，〈大稻埕之要求　圖書館分室之開設〉，《臺灣日日新報》，
1920.02.01，第 6 版。

大正四年（1915），38歲

1月

元旦，擔任詩友吳筱霞長女湘蘋與翁俊明於臺南孔廟舉辦的婚禮司禮員，並以臺語傳唱。[1]

元旦，出席南社舉辦於黃欣固園的化妝集會。該會為歡迎雅堂歸臺，各人皆喬裝打扮，吟詩賦文，並合影留念，名「南社嬉春圖」。[2]雅堂為貴婦人妝扮，並作〈題南社嬉春圖〉：「……娥娥南社徒，嬉春恣奇絅。變化若有神，一一盡窮肖。而我獨好奇，化作美人妙。羅裙六幅裁，拈花睞微笑。」

1　黃敦涵，《翁俊明烈士編年傳記》（臺北：正中書局），頁87。

2　陳昀秀，〈固園到青田街：黃天橫夫婦訪談小記（上）〉（2010.06.18）：「南社嬉春圖。……圖中人名如後，括弧內為扮演之角色，前列右起：張榜山（獵人）、林珠圃（相命仙）、曾右章之子、曾右章（藝妓）、雅堂（貴婦人）、謝石秋（護士）、陳筱竹（和尚）、陳介臣（學童）、黃壽山（醫師）、莊大松（軍人）、蔡津涯（道士）、黃少松（士紳）、許鏡山（老師）、黃茂笙（即黃欣，兒童）、趙雲石（烏龜頭）、黃谿荃（即黃溪泉，和尚頭）、楊宜祿（閹豬）。後列右起：黃惠適（印度人）、莊燦珍（卜命仙）、許燕珍（武士）、嚴煥臣（護士）、陳壽山（武士）、吳筱霞（小丑）、謝星樓（武士）、謝溪秋（老翁）、陳明沛（刑警）、翁俊明（和尚）、黃福（竊盜）、洪登安（人力車伕）、黃兆彪（外國士紳）、盧塭山（尼姑）、汪祈安（士紳）、張振樑（黑人）。」
https://tmantu.wordpress.com/2010/06/18/%E5%9B%BA%E5%9C%92%E5%88%B0%E9%9D%92%E7%94%B0%E8%A1%97%EF%BC%9A%E9%BB%83%E5%A4%A9%E6%A9%AB%E5%A4%AB%E5%A9%A6%E8%A8%AA%E8%AB%87%E5%B0%8F%E8%A8%98%EF%BC%88%E4%B8%8A%EF%BC%89/。

2 月

25 日，發表〈鄭慧脩女士傳〉[3]，後輯入《文集》。

3 月

南社的少壯詩人洪坤益（鐵濤）、王芷香（懺儂）、陳逢源、吳
子宏、趙雅福（劍泉）、陳圖南、高懷清、郭加我、白珩（璧
甫）、陳清澤等創設春鶯吟社，雅堂常為登載作品於《臺南新
報》。

21 日，千千子題贈〈次佁儗子韻呈雅堂詞宗〉[4]。

4 月

11 日，李逸濤題贈〈題雅堂大陸游草〉[5]。

24 日，迂軒生題贈〈讀劍花先生大陸遊草〉[6]。

5 月

12 日，陳梅峰題贈〈題劍花大陸詩草用春亭韻〉[7]。

---

[3] 臺南連橫雅棠，〈鄭慧脩女士傳〉，《臺灣日日新報》，1915.02.25，第 6 版。
按：鄭慧脩，新竹貞女，櫻井勉、林癡仙皆有詠。

[4] 千千子，〈次佁儗子韻呈雅堂詞宗〉，《臺灣日日新報》，1915.03.21，第 6
版。

[5] 李逸濤，〈題雅堂大陸游草〉，《臺灣日日新報》，1915.04.11，第 3 版。

[6] 迂軒生，〈讀劍花先生大陸遊草〉，《臺灣日日新報》，1915.04.24，第 3 版。

[7] 陳梅峰，〈題劍花大陸詩草用春亭韻〉，《臺灣日日新報》，1915.05.12，第 6
版。

7 月

5 日，母劉太孺人過世，享壽六十八。

欲矯積習，喪儀遂不用舊時香亭鼓吹、僧道前導，以日本音樂隊當先，並延趙雲石為題主。[8]

9 月

25 日，固園主人黃欣之母卒，受託作〈陳太孺人誄〉[9]，輯入《文集》。

10 月

7 日，林癡仙病卒，作〈哭林癡仙〉、〈林癡仙哀辭〉、〈林癡仙傳〉。[10]

---

[8] 按：連橫，〈臺南連氏家乘〉：「卒於日本大正四年五月二十三日辰時。」然考諸報導，應為農曆。「臺南市總爺街連城璧茂才之令堂劉太孺人，於月之初五午前逝世。……其次男臺南新報記者連雅堂氏，為欲矯積習，不用舊時香亭鼓吹。」〈定期出殯〉，《臺灣日日新報》，1915.07.10，第 6 版。

[9] 按：連橫〈陳太孺人誄〉：「維大正四年（1915）秋八月十有七日，黃母陳太孺人卒於里第。」《年譜》視此為農曆，另附國曆日期。

[10] 「臺中阿罩霧林痴仙君作古。同人以為吾臺文界之大損害。慨嘆不勝。」〈編輯賸錄（十月十一日）〉，《臺灣日日新報》，1915.10.12，第 6 版。又「是日閱新聞，見我櫟社友林癡仙君犯少微，竟於昨日溘然逝世。嗚呼！為人如我癡仙君者，社會之權衡，士林之翹楚，何天不與壽，纔過不惑即赴修文之弔也。」張麗俊，〈1915 年 10 月 8 日〉，《水竹居主人日記》。又連橫〈林癡仙傳〉：「大正四年（1915）冬十月初七日，卒於里第，年四十有一。」作國曆。

11 月

21 日，臺灣總督安東貞美於臺北、新竹、臺中、嘉義、臺南等
五廳同時舉辦饗老典，招待各地八十歲以上之長者，徵募詩
文以誌其盛。[11]各地獻詞謳歌者甚多，雅堂亦作〈慶養老典〉
五律一首。

12 月

22 日，新竹王松五旬壽辰，作〈王處士友竹先生五旬壽序〉，
輯於《滄海遺民賸稿》。[12]

本年

仲春，編完「大陸詩草」，作〈大陸詩草自序〉。[13]

◆任職《臺南新報》，公餘修撰《臺灣通史》；又應地方人士希
望，於臺南廳西區街役場舉辦「夜學」，一週授課 2 或 3 次，
教授國文、中國史、西洋史、中外歷史比較，亦時以延平郡
王事跡為專題演講主題，歷年餘而終。

---

[11] 〈臺北廳饗老典〉，《臺灣日日新報》，1915.11.21，第 6 版。〈四廳饗老典〉，
《臺灣日日新報》，1915.11.23，第 6 版。〈徵募老典詩文〉，《臺灣日日新
報》，1915.12.02，第 6 版。「巡查山田弘澄清氏來勸誘我母親於新曆十一
月廿一日，即舊曆十月十五日臺總督安東貞美氏委臺中廳長枝德二氏在臺
中開饗老典，欲會集廳下八十歲以上之老人，爾母親當往赴席云。」張麗
俊，〈1915 年 11 月 14 日〉，《水竹居主人日記》。

[12] 按：王松曾致書於雅堂：「吾碌碌無所表長，今年且五十，兒輩謀上壽；
願得子一言，以為光。」又該文落款為「乙卯（1915）仲冬十又一日鼓浪
洞天客次」，可見雅堂當時正於廈門作客。

[13] 連橫，〈大陸詩草自序〉：「乙卯仲春，臺南雅堂連橫序於劍花室。」

◆以工作暇餘，教導長女夏甸《詩經》、《昭明文選》、《左傳》、《史記》等，欲培育成為臺灣第一位女記者。

大正五年（1916），39 歲

4 月

8 日，許南英自廈門來臺，與雅堂會晤[1]，後南英有〈贈雅堂〉
七律一首。

5 月

6 日，以《臺南新報》記者身分，於佛教青年會演講，述宗教
問題數千言。在座有福州農商部顧問施景琛。[2]

21 日，下午 2 時，南社社友於固園舉辦詩酒之會以款許南英。[3]

10 月

◆28 日，出席櫟社於萊園的詩會。與會者櫟社友悔之、滄玉、
少岾、槐庭、雅堂、望洋、南強、子材、大智、伊若、鶴亭、
灌園，外客二林洪以倫、臺中黃子清、陳得學、學甲陳若時
等。

---

[1] 〈南船北馬〉，《臺灣日日新報》，1916.04.08，第 6 版。

[2] 〈佛教講演之盛況〉，《臺灣日日新報》，1916.05.08，第 4 版。

[3] 〈騷人雅集〉，《臺灣日日新報》，1916.05.24，第 6 版。

11 月

去函《臺灣日日新報》社，欲出席竹社 11 月 19 日的擊鉢吟大會。因故未果。[4]

臺南第一公學校（今臺南大學附設小學）原借用臺南文廟及海東書院為校舍，本月建築損毀。至中旬，臺南廳擬於小南門外法華寺旁之叢塚，新建其校舍，以寺北之閑散石虎墓可能因此被毀，雅堂力請保存，將之移於法華寺內。[5]

下旬，臺南市之廳參事、東西區長保正與臺籍有力者，組織臺南習俗改良會，雅堂遂與陳鴻鳴、楊鵬搏、趙鍾麒、黃欣被推舉為委員。[6]

12 月

13 日，櫟社友賴紹堯父喪。受託撰〈賴斐卿先生墓誌銘〉[7]。

---

[4]　〈編輯賸錄（十一月十日）〉，《臺灣日日新報》，1916.11.11，第 6 版。〈竹社大會經過〉，《臺灣日日新報》，1916.11.22，第 6 版，未見出席。稍後刊出的擊鉢作品中，雅堂未任詞宗，亦乏作品，但有賴紹堯、林獻堂之作。

[5]　〈示眾徙墓〉，《臺灣日日新報》，1916.11.09，第 6 版；〈遷葬已畢〉，《臺灣日日新報》，1916.12.11，第 4 版。

[6]　〈臺南贊同改曆〉，《臺灣日日新報》，1916.12.20，第 6 版。

[7]　雅堂〈賴斐卿先生墓誌銘〉：「先生卒於日本大正丙辰（1916）冬十有二月十有三日申時，距生於前清道光丁未（1847）冬十月初二日申時，享壽七十。以翌年丁巳（1917）夏四月二十有八日葬於花蓮池莊之新阡。……將葬之前數日，紹堯來書乞銘。」又雅堂〈悔之哀詞〉曰：「維大正六年秋九月三十日。櫟社社長賴悔之先生疾終正寢。」考之《櫟社沿革志略》，秋九月三十日為國曆，據此推論〈賴斐卿先生墓誌銘〉為國曆繫年。

本年

◆春，袁世凱於北京稱帝，乃作〈北望〉五律八首記之。

完成「臺灣贅談」。

黃清淵讀「臺灣贅談」，致書言及陳永華墓碣之事，雅堂乃錄入續寫之「臺灣贅談」。

永華墓曾因年代久遠、堙滅於荒蕪中，昭和五年（1930）再度被發現，至今仍存。[8]

8　「杉田宮司。去二十三日與鹿沼留吉。陳鴻鳴兩氏。又於新營郡柳營庄果毅後。發見延平參軍陳公永華。及夫人墓。……當（永華）公之時。果毅後為公食邑。故料公墓。必在是處。……因訂來二十八日。發掘該墓。審其真偽。」〈發見陳永華墓　陳氏為鄭延平參軍　墓在食邑柳營果毅後　訂廿八日發掘再審真偽〉，《臺灣日日新報》，1930.06.26，夕刊第 4 版。

大正六年（1917），40 歲

1 月

1 日，作〈丁巳元旦〉詩。

◆3 日，法華寺外之閑散石虎墓移碣告竣，乃集友人攜酒以祭，並作〈閒散石虎墓記〉。

15 日，臺南習俗改良會於臺南公會堂舉行發會式[1]，並刊載會則揭櫫目的：「一、廢止太陰曆，而用太陽曆。但祖宗祭祀紀念，商人取引結算期等，急切難以變更者，不妨漸次改良。二、冠婚喪祭，應以質素誠意為主，不得爭奢競侈，再用前清時代之官銜儀仗，以及翎頂補服。三、宗教信仰，固屬箇人自由，但不得陷於迷信之行為。四、凡有集會，俱應遵守定刻，以免空養貴重之時間。」

24 日，林湘沅題贈〈新年試筆和劍花韻〉[2]。

3 月

18 日，魏清德父紹吳與繼母潘孺人合葬於新竹。連橫撰〈魏篤生先生暨繼配潘孺人墓誌銘〉，24 日見報。

---

[1] 〈臺南習俗改良會〉，《臺灣日日新報》，1917.01.14，第 6 版。〈習俗改良會發會式〉，《臺灣日日新報》，1917.01.18，第 3 版。

[2] 湘沅，〈新年試筆和劍花韻〉，《臺灣日日新報》，1917.01.24，第 6 版。

按：魏紹吳於 2 月 25 日夜病卒，26 日清德繼母潘氏服毒殉
夫。[3]

9 月

30 日，賴紹堯卒，撰〈哭賴悔之〉、〈悔之哀詞〉[4]。

11 月

謝石秋（籟軒）東渡日本經商，作〈送謝籟軒東游〉。[5]又謝籟
軒作〈離筵（於備後丸）〉「陽關唱徹四聲遲」、〈家讌〉「偏有
離情酒一卮」[6]。

---

[3]　按：「清德不天，府君見背。猛痛未已，繼母潘孺人又仰藥殉。搶地號天，
　　百身莫贖。繫於宗祧，命於守龜，謹擇本年（1917）三月十日八日，合葬
　　於金山面之麓。……先生生於清代同治壬戌年四月三日辰時，卒於日本大
　　正丁巳春二月二十有五日丑時，享壽五十有六齡。配劉孺人，先時而卒。
　　繼配潘孺人，仁惠遺下，克相厥家。一時哀痛，奮不顧身，遂以翌日亥時，
　　卒於旁。距生於清代光緒丙子年六月五日未時。享壽四十有二齡。嗚呼，
　　烈矣！」連橫，〈魏篤生先生暨繼配潘孺人基誌銘〉，《臺灣日日新報》，
　　1917.03.24，第 6 版。〈故魏先生之葬儀〉，《臺灣日日新報》，1917.03.20，
　　第 6 版。

[4]　〈悔之哀詞〉：「維大正六年秋九月三十日。櫟社社長賴悔之先生疾終正
　　寢。」又《櫟社沿革誌略》：「社長賴君悔之，九月三十日（古歷中秋日）
　　捐館；我社巨擘又弱一個。」

[5]　「南報記者謝石秋君來訪。講明日將附船渡閩。經申江。轉日本內地。視
　　察一切。兼遊名勝。有黃茂笙君同行。」〈編輯賸錄（三月十二日）〉，《臺
　　灣日日新報》，1917.03.13，第 6 版。又「謝石秋君自神戶函寄哭許蘊白先
　　生五古一章。」〈編輯賸錄（一月十九日）〉，《臺灣日日新報》，1918.02.20，
　　第 6 版。

[6]　籟軒，〈離筵於備後丸〉、〈家讌〉，《臺灣日日新報》1917.11.25，第 3 版。

大正七年（1918），41 歲

1 月

1 日，經臺南市西區區長黃欣介紹，長女夏甸與臺中劉錦堂訂婚。訂定婚約一條：劉錦堂時在東京美術學校就讀，應於畢業後即舉辦婚禮。如未能畢業，則婚約作廢。[1]

12 日，僧慎敬作唱和詩〈南社雅堂先生偕少雲秋日遊開元寺留題四律敬依原韻以呈指正〉[2]。

7 月

瀛桃擊鉢吟會徵，課題「新竹」，左詞宗傅鶴亭、右詞宗連雅堂[3]。

8 月

◆1 日，撰〈臺灣通史序〉。[4]

---

[1] 〈婚約自由廢棄〉，《臺灣日日新報》，1920.01.10，第 6 版。

[2] 僧慎敬，〈南社雅堂先生偕少雲秋日遊開元寺留題四律敬依原韻以呈指正〉，《臺灣日日新報》，1918.01.12，第 3 版。

[3] 〈編輯賸錄（七月十九日）〉，《臺灣日日新報》，1918.07.20，第 6 版。左右詞宗傅鶴亭連劍花氏選，〈新竹〉，《臺灣日日新報》，1918.07.29，第 4 版；1918.07.30，第 6 版；1918.08.01，第 6 版。

[4] 按：此時《臺灣通史》尚未完稿。

9 月

為採集《臺灣通史》材料，路經新竹，由鄭肇基[5]接待，新竹文
人踴躍歡迎。[6]

抵臺北，於劉姓家廟參與擊鉢吟會。[7]

《臺灣通史》殺青，求序於李逸濤。[8]

中旬，瀛社詩壇「畫龍」，擔任詞宗，並有〈畫龍擬作二首〉[9]。《詩
集》未收。

◆16 日，尾崎秀真為《臺灣通史》作序。[10]

◆《臺南新報》主筆西崎順太郎為《臺灣通史》作序。[11]

26 日，發表與尾崎秀真等人唱和詩作。

　　按：新竹林問漁招飲，與會者唱和，知見作品有尾崎古邨〈林
　　問漁君招飲稻江旗亭賦贈劍花君〉、雅堂〈次韻答古邨詞長〉，

5　〈雅堂連氏歡迎宴〉，《臺灣日日新報》，1918.09.28，第 6 版。鄭肇基，字
　　伯端，光緒十一（1885）年出生於竹塹城北門外，鄉賢鄭崇和第三世孫鄭
　　拱辰子。光緒十九年（1893）隨吳逢清學習漢學，明治二十六年迄三十四
　　年（1896-1901）隨張崧本學習漢學，後捐貲為監生，曾留學日本。

6　〈雅堂連氏歡迎宴〉，《臺灣日日新報》，1918.09.28，第 6 版。

7　〈編輯賸錄（九月十三日）〉，《臺灣日日新報》，1918.09.14，第 6 版。

8　〈編輯賸錄（九月十三日）〉，《臺灣日日新報》，1918.09.14，第 6 版。

9　劍花，〈畫龍擬作二首〉：「驅遣風雲作甲兵，一時腕底任縱橫。他年破壁雄
　　飛去，紙上稜稜夜有聲。」「發墨天衢氣自生，飛騰也得海濤鳴。卷藏鱗
　　甲高堂上，莫作玄黃戰血橫。」，《臺灣日日新報》，1918.09.15，第 6 版。

10　按：尾崎秀真之序，揭載於 1920 年 4 月。尾崎白水，〈臺灣通史序〉，《臺
　　灣日日新報》，1920.04.11，06 版。

11　按：西崎之序，揭載於 1920 年 4 月。西崎巒洲，〈臺灣通史·序〉，《臺灣
　　日日新報》，1920.04.12，04 版。

洪逸雅〈和古邨先生瑤韻贈劍花詞長〉、謝雪漁〈次韻贈劍花鄉友〉、潤菴〈次韻呈劍花詞兄〉[12]。

本年

◆臺中開靈山大會，往請普陀高僧太虛法師攜寶筏而來，以振梵門之唄。雅堂曾與晤面，並有所唱和。其友洪繻亦曾寄語太虛，太虛亦有答詩，並為介於國內碩儒，而目為海外遺逸。

◆「臺灣贅談」發表後，劉神嶽來南，於籀軒與雅堂討論明鄭屯田之所。

---

12 尾崎古邨〈林問漁君招欽稻江旗亭賦贈劍花君〉、雅堂〈次韻答古邨詞長〉、洪逸雅〈和古邨先生瑤韻贈劍花詞長〉、謝雪漁〈次韻贈劍花鄉友〉、潤菴〈次韻呈劍花詞兄〉，《臺灣日日新報》，1918.09.26，第 3 版。

大正八年（1919），42 歲

1 月

1 日，發表〈臺灣文社發刊叢誌祝辭〉[1]。

12 日，出席瀛桃竹冬季聯合擊鉢吟會。

本次為竹社輪值，舉辦於新竹北門外水田鄭氏宗祠，與會者有瀛社林問漁、林湘沅、謝雪漁、魏潤庵、林述三、張純甫，桃社簡朗山等。社外來賓有臺灣文社傅鶴亭、彰化施寄庵、嘉義林植卿、臺中陳若時、新竹神社吉野氏等。擊鉢後開宴，宴後雅堂任社外來賓代表，述謝詞，並演述臺灣文社創立主旨。又擊鉢，選雅堂為左詞宗、施寄庵為右詞宗，由左詞宗擬題「春寒」、侵韻，又得詩百餘首，盡歡至翌日上午 2 時散會。[2]

下旬，瀛桃竹吟壇〈萬壽菊〉，左右詞宗傅鶴亭、林植卿[3]。

26 日，瀛桃竹吟壇，發表〈萬壽菊〉[4]。

下旬，瀛桃竹吟壇〈春寒〉，左右詞宗連雅棠、施寄庵[5]。

---

[1]　雅堂，〈臺灣文社發刊叢誌祝辭〉，《臺灣文藝叢誌》1 年 1 號（1919.01.01），頁 2。

[2]　〈聯合擊鉢盛況〉，《臺灣日日新報》，1919.01.15，第 6 版。

[3]　左右詞宗傅鶴亭、林植卿選，右三三左三四　雅堂，〈萬壽菊〉，《臺灣日日新報》，1919.01.26，第 6 版。

[4]　雅堂，〈萬壽菊〉，《臺灣日日新報》，1919.01.26，第 6 版。

[5]　左右詞宗連雅棠、施寄庵選，右一左避　雅棠，〈春寒〉，《臺灣日日新報》，1919.01.27，第 4 版。

27 日，瀛桃竹吟壇〈春寒〉，獲右一左避[6]。

2 月

10 日，發表〈題南社嬉春圖〉[7]、〈臺灣通史自序〉[8]。

16 日，抵臺北。[9]

26 日，訪《臺灣日日新報》社，攜詩囑登。[10]

28 日，發表〈寶玉曲為林六作〉[11]，後輯於《詩薈》、《詩集》，但無詩序。

3 月

1 日，發表〈寧南詩草（二）城南雜詩〉[12]、〈明季寓賢列傳〉[13]。

15 日，林熊徵與海外華僑鉅商發起華南銀行，雅堂作〈祝華南銀行開業〉[14]祝賀（《詩集》未收）。並應林熊徵之聘，擔任其

---

[6] 右一左避　雅棠，〈春寒〉，《臺灣日日新報》，1919.01.27，第 4 版。

[7] 雅堂，〈題南社嬉春圖〉，《臺灣文藝叢誌》第 1 年 2 號（1919.02.10），頁 1。

[8] 臺南連橫，〈臺灣通史自序〉，《臺灣文藝叢誌》第 1 年 2 號（1919.02.10），頁 1-2。

[9] 〈南船北馬〉，《臺灣日日新報》，1919.02.17，第 4 版。

[10] 〈編輯賸錄（二月二十六日）〉，《臺灣日日新報》，1919.02.27，第 6 版。

[11] 序曰：「寶玉，稻江妓也。住九間仔街，明媚柔婉，尤善清談，毫無勾欄習氣。近聞■澤林六將為脫籍，余喜其事，為賦此曲，以寫閒情。」劍花，〈寶玉曲　為林六作〉，《臺灣日日新報》，1919.02.28，第 6 版。

[12] 臺南連橫，〈寧南詩草（二）　城南雜詩〉，《臺灣文藝叢誌》第 1 年 3 號（1919.03.01），頁 1。

[13] 臺南連雅棠，〈明季寓賢列傳〉，《臺灣文藝叢誌》第 1 年第 3 號（1919.03.01），頁 1-5。

[14] 連雅堂，〈祝華南銀行開業〉六首，其一：「萬方琛賽集東洋，禮樂兵刑次第昌。富國祇今資貨殖，善鄰自昔關梯航。法傳九府齊稱霸，產自三邊越

秘書以處理華南銀文牘及華僑股東相關事宜，故移家臺北大
稻埕，又用三千元向許丙購得面向大屯山之房產，因名書齋
曰大遯山房。

4 月

1 日，發表〈寧南詩草（三）蓬萊曲〉[15]。

中旬，雅堂曾作〈寶玉曲〉之大稻埕歌妓胡寶玉出嫁。[16]

16-17 日，臺南市媽祖例祭，為地方商家設計臺閣（即藝閣），
頗為出色[17]，後遂帶起風潮。雅堂自云：「自是以來，臺南每
迎天后，各商家則請余裝閣。余亦興高采烈，細為指點。又
各就其生意，而搜故事。如香鋪之紅袖焚香，茶鋪之樵青煮
茶，銀店之唐宮鑄鳳，餅店之紅綾賜宴，莫不發揮本色。當

已強。莫說鉛刀逐錐末，阜財方足固苞桑。」其二：「治生愛讀計然書，
積著能完息貨無。千古文章在經濟，一時匡略論均輸。道通天地財能用，
利盡東南富可圖。從此農工資輔助，萬金坐致陋陶朱。」其三：「簪纓自
昔冠三臺，結駟連騎賜也才。卜式輸邊能報國，橋姚斥塞為豐財。十年豹
變覘時勢，百里鵬程任去來。羨煞揚州騎鶴客，孤山寧忍對寒梅。」其四：
「輔車形勢本相親，況復論交在義仁。泛舸有無通懋易，持衡輕重費陶甄。
商量圜法籌興國，檢點泉源欲阜民。好似苓岑相契合，和風長扇海之濱。」
其五：「珊瑚萬朵海波紅，帶水盈盈一葦通。三寶船高浮曉日，七洲洋廣
漾春風。蛟宮夜識金銀氣，鯤島今輸玳瑁叢。狄草蠻花齊向化，願將財力
闢鴻濛。」其六：「修文偃武際尋盟，濟濟冠裳策太平。商戰幾人爭勝負，
國權無處不縱橫。官山府海謀先定，緯地經天計已成。今日鴻圖初展布，
佇看功利著鯤溟。」《臺灣日日新報》，1919.03.15，第 6 版。
[15] 臺南連橫，〈寧南詩草（三） 蓬萊曲〉，《臺灣文藝叢誌》第 1 年 4 號
（1919.04.01），頁 1。
[16] 〈胡寶玉嫁矣〉，《臺灣日日新報》，1919.04.21，第 4 版。
[17] 〈臺南媽祖例祭〉，《臺灣日日新報》，1919.04.18，第 6 版。

事者復設審查員以品評之，懸其等第，錫以金牌。而臺南詩
意之嶄新，遂冠全土，各地從而效之。」[18]

5月

擔任臺灣文社第六期徵文「項羽論經」之評審。[19]

上旬，詩壇〈中秋賞月〉，左右詞宗連雅堂、鄭伯璵先生評。[20]

1日，發表〈祝華南銀行開張為全臺紳士作〉[21]。

6月

13日，發表〈俠盜曾切軼事〉[22]，後輯入於《通史》卷三十五・
列傳七〈孝義列傳・曾切〉。

---

[18] 雅棠，〈詩意〉：「臺灣迎賽，輒裝臺閣，謂之詩意。……先是，余居臺南，
見迎天后，裝閣極多，毫無意匠，乃向當事者言之。翌年，綢緞商錦榮發
主人石秀峰請余代庖，為裝天孫織錦以示綢緞商之意。博望船頭，又置支
機石一方，以表主人之姓，而山水樓臺花木悉以綢緞造之。復以探照燈為
月，月旁七星則以七色電燈為之。光輝閃爍，狀極美麗。計費三百餘金。
觀者十數萬人莫不嘖嘖稱讚，而錦榮發之廣告遍遐邇矣。」《臺灣詩薈》
第4號（1924.05.15），頁61-64。

[19] 〈文社徵文揭曉〉，《臺灣日日新報》，1919.05.15，第4版。

[20] 左右詞宗雅堂鄭伯璵先生評，〈中秋賞月〉，《臺灣日日新報》，1919.05.05，
第4版；1919.05.06，第6版；1919.05.08，第4版；1919.05.13，第6版。

[21] 臺南雅堂，〈祝華南銀行開張為全臺紳士作〉，《臺灣文藝叢誌》第1年第5
號（1919.05.01），頁1。

[22] 雅堂作〈俠盜曾切軼事〉，《臺灣日日新報》，1919.06.13，第6版。

7 月

6 日,下午 2 時,出席鎮南吟社於圓山臨濟寺開第一回擊鉢吟
　　會,擔任詞宗。會值大雨,雅堂遂以「圓山暴雨」命題。下
　　午 5 時半散會。[23]

10 日,夜抵嘉義,旅遊之際與當地文士敘舊談心。[24]

8 月

佛教道友會創設學會於稻江陳氏祖廟內,訂本月於 4 日開課,
　　開放報名中,雅堂擔任科外教師。其旨在和漢文雙兼、新舊
　　兩學並修,方能合於時勢之教育。[25]組織如下:

　　　　會長:小倉文吉
　　　　顧問:臨濟寺住職山崎大耕,第一公學校校長加藤元右
　　　　　　　衛門、女子公學校校長櫻井馨、日新街派出所所
　　　　　　　長三木佐彌太、大稻埕區長林熊徵
　　　　理事:魏清德、楊潤波、許松英、許丙、吳石英
　　　　常務:林學周、張承基
　　　　修身教師:山崎大耕
　　　　科外教師:連雅堂、魏清德
　　　　漢文習字教師:林述三

23　〈鎮南吟社小集〉,《臺灣日日新報》,1919.07.08,第 6 版。
24　「雅堂論今日時弊,乃臺灣經濟日益發達,物質進步,但精神反是,崇尚
　　物慾,乖戾倫理,更甚於領臺之前。欲匡此弊,唯有振興佛教,庶幾有濟。
　　故雅堂最近乃糾合同仁,闡顯宗風,以挽狂瀾。」〈來客談片〉,《臺灣日
　　日新報》,1919.07.14,第 4 版。
25　〈道友學會開設〉,《臺灣日日新報》,1919.08.03,第 6 版。

生理教師：林清月

衛生教師：葉鍊金

教務主任：迫本正修

國語及保甲法規擔任：三本佐彌太

國語理科擔任：葉土蚨

漢文算法簿記擔任：駱香林

裁縫刺繡國語家事擔任：陳氏阿珠

國語圖畫地理修身擔任：林學周

10 月

19 日，出席臺灣文社成立大會並發表演說。該會舉辦於第一臺中座，與會者一百五十餘名。下午 2 時開幕。

先行攝影以為紀念，次乃開會，林子瑾報告會務經過，次鄭汝南批讀祝詞祝電，次雅堂演說「漢學於東洋之關係及其維持之必要」，次顏雲年演說，次羅山吟社鄭作型祝詞，次林仲衡為會員總代答謝，次林子瑾朗讀會則，繼推選理事。雅堂提議由各詩社重要者選出，眾以為可，乃由林子瑾提名、會員贊同，計 28 名。謝雪漁再提議由中部之理事兼任專務理事，處理會務，亦得贊同。

散會後，同往文社會員陳朔方之體仁醫院小憩，再赴中薈芳開宴，席上再開擊鉢，至 9 時散席。[26]

第一次瀛桃竹三社聯合擊鉢吟會在基隆「陋園」（顏雲年宅第）舉行。下旬作品刊出，瀛桃竹擊鉢吟〈富貴花限四支韻〉，左

---

[26] 〈臺灣文社大會〉，《臺灣日日新報》，1919.10.22，第 5 版。

右詞宗連雅棠、黃守謙。[27]〈漁笛九青韻〉，詞宗雅堂先生閱。[28]

11 月

摯友臺北葉鍊金醫師之母陳太孺人喪。訂於 12 月 5 日出殯，鄉人士議為公弔，乃與林本源第一房事務所陳智貴共同擔任聯絡窗口。[29]

12 日，發表〈漁笛九青韻　擬作〉[30]。

12 月

2 日，發表〈陌園即事贈主人顏雲年〉[31]。

5 日，為葉鍊金之母撰〈葉母陳太孺人誄〉[32]，《文集》未收。「維大正八年冬十有一月十八日，葉母陳太孺人，卒於里第，享壽七十有九齡。嗚呼哀哉。……鄉人士追維聖善，欲表徽音，以昭來許。乃為之誄，其辭曰：……」

9 日，發表〈劍潭〉、〈家居即事〉[33]。

27　左右詞宗連雅棠、黃守謙先生，〈富貴花限四支韻〉，《臺灣日日新報》，1919.10.30，第 6 版。

28　詞宗雅堂先生閱，〈漁笛九青韻〉，《臺灣日日新報》，1919.11.12，第 6 版。

29　〈準備公弔〉，《臺灣日日新報》，1919.11.27，第 5 版。

30　雅堂，〈漁笛九青韻　擬作〉：「釣罷歸來酒未醒，不須湘瑟待湘靈。一枝自具滄浪趣，月滿蘆花水滿汀。」，《臺灣日日新報》，1919.11.12，第 6 版。

31　雅堂作，〈陌園即事贈主人顏雲年〉，《臺灣日日新報》，1919.12.02，第 3 版。

32　連雅棠，〈葉母陳太孺人誄〉，《臺灣日日新報》，1919.12.05，第 6 版。

33　連雅棠，〈劍潭〉、〈家居即事〉，《臺灣日日新報》，1919.12.09，第 3 版。

9 日，發表〈黃蘊軒先生誄〉[34]。「維大正八年夏四月五日，新
竹廳參事蘊軒黃公卒於里第，享壽八十齡。越十有貳月十日，
將殯於吉阡。……鄉人士追懷風義，欲述平生，命橫採誄，
以昭來許。……若其治家處世，樂善好施，人多稱之，故特
舉其大者而著之誄。其辭曰。……」

本年

移居臺北大稻埕。校印《臺灣通史》，頗事吟詠。暇時屢至臺北
樹林，與黃純青評書談藝。

◆作〈寄李耐儂夫婦北京〉。

＊子震東入日本慶應大學。

---

[34] 連雅棠，〈黃蘊軒先生誄〉，《臺灣日日新報》，1919.12.09，第 6 版。

大正九年（1920），43 歲

1 月

上旬，取消長女夏甸與臺中劉錦堂之婚約。因劉氏於東京美術
學校已二年，仍未畢業，雅堂乃向介紹人黃欣，為之索回婚
約，雙方同意作廢。[1]

15 日，鑑於大稻埕色情業氾濫且無管制，乃於〈上稻江同風會
長官書〉[2]主張應設「貸座敷」與「濟良所」。前者是指引進
完整娼妓管理制度，劃定營業範圍，並在娼妓衣著上能有所
識別；後者則是由政府在體制上建立救濟制度，使有意從良
的娼妓能藉此脫身。《文集》未收。

2 月

1 日，鑑於當時圖書館設於台北城內，大稻埕司民無書可借，
乃主張應於大稻埕設置圖書館分室，便利大稻埕一帶好讀書
者的需求，作〈大稻埕之要求　圖書館分室之開設〉[3]，見收
於《文集》。

---

[1]　〈婚約自由廢棄〉，《臺灣日日新報》，1920.01.10，第 6 版。
[2]　雅堂，〈上稻江同風會長官書〉，《臺灣日日新報》，1920.01.15，第 6 版。
[3]　雅堂作，〈大稻埕之要求　圖書館分室之開設〉，《臺灣日日新報》，
1920.02.01，第 6 版。

下旬，與謝雪漁、李逸濤、林清月等擔任佛教青年會舉辦之春
期傳道會的講師。此活動自 20 日起每日下午 6 時半於大稻埕
錦祥茶行舉行，為期一週，開放一般民眾聽講。[4]

3 月

1 日，陳逢源題贈〈稻江與劍花文玉夜飲有感〉[5]。

3 日，發表〈故許懋論氏誄詞〉[6]。「維大正九年，庚申春正，月
初二日，許公懋論卒於里第，享壽八十有一。嗚呼哀哉。……
訃至之日，鄉人士咨嗟歎息，欲述平生，以詔之世。」

下旬，於《臺灣日日新報》刊出《臺灣通史》預售訊息：「《臺
灣通史》完稿已久。即將出版，接受豫定。該書洋裝三大冊、
漢裝六冊，凡一千二百頁。每部前金（按：訂金）十元，郵
費十八錢。豫定期限到本月三十日。預約者可函知大稻埕建
昌後街林本源第一房事務所內臺灣通史社。」[7]

4 月

8 日，發表〈臺灣通史自序〉[8]。

11 日，尾崎秀真贈〈臺灣通史序〉[9]。

4　〈佛教青年會〉，《臺灣日日新報》，1920.02.20，第 7 版。

5　臺南陳芳園，〈稻江與劍花文玉夜飲有感〉，《臺灣日日新報》，1920.03.01，
　　第 4 版。

6　雅堂，〈故許懋論氏誄詞〉，《臺灣日日新報》，1920.03.03，第 6 版。按：
　　許原為文山堡之茶商，乙未亂時移居大稻埕，後任保正。

7　〈臺灣通史付梓〉，《臺灣日日新報》，1920.04.01，第 6 版。〈通史社訂正〉，
　　《臺灣日日新報》，1920.04.07，第 6 版。

8　連雅堂，〈臺灣通史自序〉，《臺灣日日新報》，1920.04.08，第 6 版。

12 日,《臺南新報》主筆西崎順太郎贈〈臺灣通史序〉[10]。

13 日,林幼春贈〈臺灣開闢紀序〉[11]。

14 日,於《臺灣日日新報》連載〈臺灣通史　開闢紀〉[12]至 5 月 10 日,共 14 回。按:題名有開闢紀、開闢志、開闢記等。

5 月

14 日,總督田健治郎為《臺灣通史》題字「名山絕業」。[13]

15 日,林癡仙題贈〈贈連君雅棠〉、〈瑞軒小集次雅棠韻〉。[14]

7 月

仍寓稻江,潛心著述,編輯《臺灣十子詩抄》。[15]

25 日下午 2 時,出席瀛桃竹三社聯吟擊鉢會。

此回由瀛社輪值,會場於大稻埕春風得意樓旗亭。贈品、宴會費、雜費等悉由名譽會長林熊徵獨立捐贈。與會者共 48 名。先行擊鉢,8 時入席,酒後瀛社長洪以南序禮致謝,次桃社代表簡若川致謝,林熊徵序禮,次瀛社評議員顏雲年提議推舉赤石臺日社長及吳艋舺區長,為瀛社顧問,眾人贊同。復

9　尾崎白水,〈臺灣通史序〉,《臺灣日日新報》,1920.04.11,第 6 版。

10　西崎巒洲,〈臺灣通史序〉,《臺灣日日新報》,1920.04.12,04 版。

11　霧峰林南強,〈臺灣開闢紀序〉,《臺灣日日新報》,1920.04.13,第 6 版。

12　雅堂〈臺灣通史　開闢紀〉,《臺灣日日新報》,1920.04.14,第 6 版。

13　〈名山絕業　田總督之題字　臺灣通史之價值〉,《臺灣日日新報》,1920.05.14,第 6 版。

14　林朝崧,〈贈連君雅棠〉、〈瑞軒小集次雅棠韻〉,《臺灣文藝叢誌》第 2 年第 2 號(1920.05.15),頁 90-91。

15　〈臺灣十子詩抄〉,《臺灣日日新報》,1920.07.23,第 6 版。

議謝雪漁妻公弔事（預訂 8 月 4 日下午 3 時，地點未定），次桃社埔仔區長簡朗山演說關於葬儀及公弔之改良。

席間紅袖壓酒，盡歡至 9 時過散會。顏雲年更贈《環鏡樓唱和集》。[16]

8 月

1 日，瀛桃竹詩壇〈荷蓋藝韵〉，左右詞宗簡若川、張息六氏選，獲右翰六[17]。

4 日下午 3 時，代表南友會出席謝雪漁元配王孺人之哀悼會。此會舉辦於春風得意樓對面茶行，與會者有曹洞宗臺北別院禪師、月眉山觀音山諸師、親戚總代顏雲年、友人總代簡阿牛、大稻埕同風會長林熊徵、瀛社長洪以南、稻江信用組合代表王慶忠、瀛社代表魏清德、桃園吟社代表鄭永南、艋舺俱樂部役員團代表吳昌才等，臺、日來賓總計約 300 名。[18]

下旬，《臺灣通史》與臺灣印刷會社訂約，委其印刷，原訂本月底出版，因故延期。[19]

9 月

25 日下午 5 時，出席於春風得意樓舉辦之南友會大會，並述開會旨趣及將來之發展。南友會由旅北南部人士自組，每月開

---

[16] 〈聯合吟會誌盛〉，《臺灣日日新報》，1920.07.27，第 6 版。

[17] 右翰六　雅堂，〈荷蓋藝韵〉，《臺灣日日新報》，1920.08.01，第 6 版。

[18] 〈王孺人哀悼會況〉，《臺灣日日新報》，1920.08.06，第 6 版。

[19] 〈臺灣通史消息〉，《臺灣日日新報》，1920.08.23，第 4 版。

會一次，以敦睦感情、交換智識，成員包括謝雪漁、蔡佩香、林湘沅等《臺灣日日新報》社記者。至 8 時散會。[20]

10 月

《臺灣通史》預計於 11 月初發行，獲總務長官下村宏的序文。[21]

10 日，發表〈李清誥先生七秩壽言〉[22]，《文集》未收。「先生世業農，居於八里坌堡之大竹圍莊，讀書力田，克勤克儉。及長，有大志，習航海術，往來南北洋。遂邅稻江，經營商業，以貿易於香廈之間。……歲己亥，被選為五十九保保正。既復，為學務委員，地方稅調查委員，共濟醫院評議員。……庚申之歲。恭逢先生杖國之年。哲嗣友玉文生二君。卜以夏曆八月二十有六日。奉觴上壽。綵獻萊衣。詩賡天保。鄉人士之聞其事者。群謀晉祝。命撰壽言。……」

11 月

中旬，《臺灣通史》分上、中、下三冊出版，上冊已成。上冊卷首揭著者之像，明石源二郎前總督、田健治郎總督題字，下村總務長官、西崎南報記者、尾崎北報記者、臺中林南強諸氏序文，及作者自序、凡例；目錄自卷一「開闢紀」起，迄卷十二「刑法志」。洋式裝訂。[23]

20　〈南友開會〉，《臺灣日日新報》，1920.09.26，第 6 版。

21　〈臺灣通史將出矣〉，《臺灣日日新報》，1920.10.18，第 4 版。

22　連雅堂，〈李清誥先生七秩壽言〉，《臺灣日日新報》，1920.10.10，第 6 版。

23　〈通史上冊告成〉，《臺灣日日新報》，1920.11.18，第 5 版。

19 日，發表〈慈善家其起乎　救災恤鄰道也〉[24]為中國饑民勸
　　募：「中華民國建設以來，內亂未平，干戈輒起，人民困苦。……
　　而北方五省，自昨年來，又遭久旱。田園枯竭，粒食無存。
　　嗷嗷災黎，數逾千萬。……是以本月十三日，全臺有志士紳，
　　集於臺北鐵道旅館，協議救濟辦法。……吾願全臺之慈善家，
　　其速起而為之。」未收入《文集》。

22 日，總督府民政長官下村宏贈〈臺灣通史序〉[25]。

12 月

下旬，通史下冊將出，每部定價十二圓。《臺灣通史》由大稻埕
　　建昌後街（林本源一房事務所）臺灣通史社發行。[26]

---

[24] 雅堂，〈慈善家其起乎　救災恤鄰道也〉，《臺灣日日新報》，1920.11.19，
　　第 5 版。
[25] 下村宏，〈臺灣通史序〉，《臺灣日日新報》，1920.11.22，第 4 版。
[26] 〈臺灣通史續出〉，《臺灣日日新報》，1920.12.28，第 6 版。

大正十年（1921），44 歲

1 月

1 日，岸幘居士贈詩，〈懷人有序〉[1]：「通史編成力自任，前無往古後無今。洛陽紙價如相問，一部新書十二金。」

2 月

仍寓稻江。[2]

長女夏甸結婚，夫婿林伯奏（1897-1992）。

按：林氏原名伯灶，後改名伯奏，明治四十四年（1911）3月自北斗公學校畢業，大正五年（1916）考入日本東亞同文書院上海分校商學系，受林熊徵資助至上海就讀，迄大正八年（1919）6 月畢業，是臺籍人士考取該校的第一人。畢業後居住在上海日本租界，任職日本三井洋行上海分行。林伯奏同時擔任林熊徵之妻盛關頤（清末盛宣懷之女）在上海的秘書，二戰後曾任華南銀行第一任總經理。[3]

---

[1] 按：岸幘居士〈懷人有序〉為組詩，序曰：「……一瓣焚香。細數海堧人物。十千買醉。藉澆塊壘胸懷。爰於元日。試搦新毫。作懷人詩二十三首。」及於雅堂者為「十三　連劍花先生」，參《臺灣日日新報》，1921.01.01，第 45 版。

[2] 〈破除陋習之婚禮〉，《臺灣日日新報》，1921.02.10，第 6 版。

[3] 秦賢次，〈劉吶鷗日記中的舊雨新知〉，收入康來新、許秦蓁合編《劉吶鷗全集・日記集下》（臺南：臺南縣文化局，2001），頁 818。

27 日,瀛社詩壇〈硯池眞韻〉,詞宗湘沅舜五潤菴合選,獲十五名[4]。《詩集》未收。

28 日,瀛社詩壇〈硯池眞韻〉,詞宗湘沅舜五潤菴合選,獲十八名[5]。《詩集》未收。

3月

◆24 日,於大瀀山房撰《臺灣詩乘》自序。

4月

16 日,《臺灣通史》下冊將出版,《臺灣日日新報》登有廣告。[6]

21 日,《臺灣日日新報》為即將出版之《大陸詩草》刊登廣告。[7]

26 日,有長歌贈李逸濤,內容不可考[8]。

26 日,發表〈晚春游新店楝花盛開奇境也〉[9],《詩集》未收。

---

[4] 雅棠,〈硯池眞韻〉:「十年舊夢漳江濱,映月涵星氣自春。莫說一泓秋水少,佇看墨浪起龍鱗。」,《臺灣日日新報》,1921.02.27,第 6 版。

[5] 雅棠,〈硯池眞韻〉:「風雨名山有作鄰,一泓雖小氣如春。磨來墨汁傾三斗,笑汝庸夫莫問津。」,《臺灣日日新報》,1921.02.28,第 4 版。

[6] 〈通史下冊將出〉,《臺灣日日新報》,1921.04.16,第 6 版。

[7] 〈大陸詩草將出〉,《臺灣日日新報》,1921.04.21,第 6 版。

[8] 「雅堂兄有長歌贈逸濤。語多奇拔。逸濤且讀且自快。」〈編輯日錄（四月廿六日）〉,《臺灣日日新報》,1921.04.27,第 6 版。

[9] 連雅堂,〈晚春游新店楝花盛開奇境也〉中云:「翩然曳杖出門去,香風吹上城南南限。城南十里通新店,春光媚客花爭艷。兩岸青山入蔚藍,一溪新水明瀲灔。」接著,寫到林間映像,人生合尋行樂,「花底歌聲遠相送,采茶隊裡春雲勳。小姑居處尚無郎,神女生涯原是夢。」詩後亦補充一段小言:臺北貧家每有無子而養苗媳。及長,命之為娼。聞多為文山堡人。薄俗奢風,吾心滋愧,故借用玉溪之句,以詠其事。」,《臺灣日日新報》,1921.04.26,第 3 版。

26、27 日，發表〈圓山雜詩〉[10]。

28 日，發表〈魏潤庵兄過訪論詩賦此贈之〉[11]，《詩集》未收。

5 月

7 日，發表〈臺灣通史刊成自題卷末竝示同好〉[12]。

8、10 日，發表〈觀音山〉[13]。

---

[10] 雅堂，〈圓山雜詩〉，《臺灣日日新報》，1921.04.26，第 6 版。自序「春日偕內人往遊，拉雜而來，不假修飾，所謂遊山之詩也。錄呈白水潤庵兩詞宗一政。」雅堂，〈圓山雜詩〉，《臺灣日日新報》，1921.04.27，第 6 版。

[11] 連雅堂，〈魏潤庵兄過訪論詩賦此贈之〉：「明星炯炯長河垂，閉門兀坐夜何其。翩然魏子走相訪，據床顧盼揚修眉。黃金可成河可塞，何如瀹茗來談詩。國風而代幾作者，離騷樂府分宗支。有唐詩學冠千古，杜陵老叟良足師。昌黎峭硬玉溪麗，俯視五代無人追。東坡山谷蹶然起，自宋迫清作者誰。我臺山水冠海內，奇花異木光陸離。新高之山高萬尺，大甲之水大無涯。眼前詩境自然妙，有誰妙手能得之。天地絪縕在鳥鎗，鑿開混沌分妍媸。即論當今幾作者，南強南溟皆岐嶷。獨有魏子堪詰抗，大篇小篇無不宜。譬如中原爭逐鹿，三分旗鼓誰雄雌。又如龍宮賽百寶，珊瑚玉樹交柯枝。魏子之文本豪放，日試萬言勞毛錐。品評月旦持輿論，歐風美雨相紛披。有時狂歌傾美酒，亦能刻石摩殘碑。不愛古人獨愛我，文章道義相切靡。我生致力在文史，餘事乃學醫人詞。即今四十年已過，摩崖大筆猶能為。有時詩興忽勃發，雲煙落紙何淋漓。快如鷹隼盤空下，疾若駿馬爭奔馳。豔如春花爛熳放，澹若秋水涵漣漪。湛思妙想參造化，玄之又玄奇又奇。寓言十九夸者喜，莊言乃被俗儒嗤。嗚呼魏子爾勿悲，爾唱我和能追隨，如蛇憐風風憐蔓。一編亦可供覆瓿，百首自足斂羽儀。南溟鯤鵬久寂寞，會看萬里變化揚天池。」，《臺灣日日新報》，1921.04.28，第 3 版。

[12] 雅堂，〈臺灣通史刊成自題卷末竝示同好〉，《臺灣日日新報》，1921.05.07，第 3 版。

[13] 雅堂，〈觀音山〉，《臺灣日日新報》，1921.05.08，第 3 版。雅堂，〈觀音山〉，《臺灣日日新報》，1921.05.10，第 3 版。按：觀音山共四首。

6 月

9 日，吳萱草題贈〈旅北訪雅堂先生〉[14]。

中旬，大稻埕霞海城隍廟繞境（舊曆 5 月 13 日），商家陣頭之評選擬照去年方法，由林熊徵、洪以南、謝汝銓、魏清德、李逸濤、雅堂、張純甫票選。會場為林本源第一房俱樂部樓上。[15]

7 月

5 日，陳梅峰題贈〈題劍花大陸詩草用春亭韻〉[16]。

5 日，《大陸詩草》出版，每部定價四十錢，由臺灣通史社發行。[17]

10 日，《大陸詩草》訂購踴躍，已達二百餘部。[18]

8 月

17 日，與鷹取岳陽唱和。

鷹取岳陽，〈雅堂魏潤庵兩先生履約見過有詩先似〉、雅堂，〈次韻呈岳陽先生〉（《詩集》未收）、鷹取岳陽，〈用雅堂先生金陵雨花臺韻賦似〉[19]。

---

14 吳萱草，〈旅北訪雅堂先生〉，《臺灣日日新報》，1921.06.09，第 6 版。
15 〈霞海城隍祭典預聞〉，《臺灣日日新報》，1921.06.10，第 5 版。
16 陳梅峰，〈題劍花大陸詩草用春亭韻〉，《臺灣日日新報》，1921.07.05，第 6 版。
17 〈大陸詩草出版〉，《臺灣日日新報》，1921.07.05，第 6 版。
18 〈大陸詩草之傳播〉，《臺灣日日新報》，1921.07.10，第 6 版。
19 鷹取岳陽，〈雅堂魏潤庵兩先生履約見過有詩先似〉、連雅堂，〈次韻呈岳陽先生〉：「遠山如黛綠陰斜，響午涼風入碧紗。記取大墩秋雨後，倚欄同

為臺北遠藤寫真館出版之《人文薈萃》（臺灣人協議員名冊）作
序[20]。

9 月

9 日，林獻堂祖母羅太夫人逝世。[21]遂作〈題林母羅太夫人墓道〉
詩以悼。

上旬，以振興漢文為目的，雅堂召集同志開設夜間講習會，並
自任講師，擬定會章五條。以林本源一房事務所為聯絡地址。
會章曰：

一、 講習場所現選擇中。

二、 期間自本年十月一日起，至明年三月末日止（每一
學期為六個月，將來可以繼續）。

三、 每日講習自午後七時起，至十時止（日曜休息，節
祭日照常）。

四、 課程為論文、書牘、歷史（臺灣歷史）、字義、韻
學。

五、 會費，每一學期每人二十四圓（入會之時，先納一
半），聞講習員定三十名。[22]

看白荷花。」鷹取岳陽，〈用雅堂先生金陵兩花臺韻賦似〉，《臺灣日日新
報》，1921.08.17，第 3 版。按：二人往來共三首詩，皆載於同一日，又同
日有魏潤庵和鷹取岳陽同題之詩。

[20] 連橫，〈人文薈萃序〉，《雅堂文集》（南投：臺灣省文獻委員會，1992），
頁 59。〈新刊紹介　人文薈萃〉，《臺灣日日新報》，1921.08.03，03 版。

[21] 〈羅太夫人仙逝〉，《臺灣日日新報》，1921.09.14，第 5 版。

[22] 〈漢文講習會〉，《臺灣日日新報》，1921.09.09，第 6 版。

10 月

4 日下午 3 時半，代表櫟社出席李逸濤追悼會。會場於新起街
本院寺別院，謝雪漁代表《臺灣日日新報》赤石社長宣讀弔
詞，魏清德朗讀桃園街長簡朗山弔電，與會者有總督府評議
員林熊徵、顏雲年、簡阿牛、黃欣、許廷光，瀛社吟友、《臺
灣日日新報》社友等。4 時結束。[23]

16 日，鷹取岳陽題贈〈讀雅堂詞宗所著大陸詩草。又獲一首。〉、
〈讀雅堂詞宗所著臺灣通史。追想乙未之變。又獲一首。〉[24]。

23 日，代表櫟社出席「全臺詩社擊鉢聯吟大會」。會場於大稻
埕春風得意樓，眾人先至東門官邸與總督見面留影，午後 1
時半開始，9 時結束。與會者共 86 人，竹社鄭養齋，瀛社謝
汝銓、魏清德、顏雲年、洪以南，南社黃欣、羅山吟社鄭作
型，及來賓鷹取岳陽、永島蘇南、澤谷星橋、鄭伯璵、李延
禧等。

會上魏清德提議瀛桃竹三社實行聯合會組織，眾議顏雲年為
會長，桃社簡朗山、竹社鄭神寶副之。[25]鷹取岳陽輯諸人作品
為《大雅唱和集》。

27 日，全臺詩社聯吟會〈阿里山神木限初疏餘三字〉，左右詞宗鄭
養齋、謝雪漁選，獲右三[26]。《詩集》未收。

---

23 〈李逸濤氏追悼會〉，《臺灣日日新報》，1921.10.06，第 6 版。

24 鷹取岳陽，〈讀雅堂詞宗所著大陸詩草。又獲一首。〉、〈讀雅堂詞宗所著
臺灣通史。追想乙未之變。又獲一首。〉，《臺灣日日新報》，1921.10.16，
第 3 版。

25 〈詩社聯吟大會續報〉，《臺灣日日新報》，1921.10.25，第 5 版。

28 日，全臺詩社聯吟會〈題群鴉噪鳳圖〉，左右詞宗幼春、吉
　甫選，獲右二左二二[27]。

11 月

2 日，全臺詩社聯吟會〈阿里山神木限初疏餘三字〉，左右詞宗鄭
　養齋、謝雪漁選，獲左貳壹[28]。

19 日，大稻埕港邊街蘇添生之母張太宜人七十壽辰，為作〈蘇
　母張太宜人七秩壽言〉[29]，於 20 日、25 日揭載於報。[30]未收
　入《文集》。

30 日，午後 1 時，出席瀛社小集。會場於謝雪漁之中街寓所保
　和藥局，各社出席者約三十人，捻題競詩，由洪以南、雅堂、
　黃贊君評點，合取二十名，發表後進行晚餐，9 時散會。[31]

12 月

3 日，發表〈偶園小集〉[32]。

26　左右詞宗鄭養齋、謝雪漁選，右三　雅堂，〈阿里山神木限初疏餘三字〉：「秀
　　出南天得氣初，二千年後尚扶疏。成仁廟外青如海，黛色亭亭十畝餘。」，
　　《臺灣日日新報》，1921.10.27，第 6 版。
27　右二左二二　雅堂，〈題群鴉噪鳳圖〉，《臺灣日日新報》，1921.10.28，第 6
　　版。
28　左右詞宗鄭養齋、謝雪漁選，左貳壹　雅堂，〈阿里山神木限初疏餘三字〉，《臺
　　灣日日新報》，1921.11.02，第 6 版。
29　雅堂作，〈蘇母張太宜人七秩壽言〉，《臺灣日日新報》，1921.11.20，第 6
　　版。雅堂，〈蘇母張太宜人七秩壽言（續）〉，《臺灣日日新報》，1921.11.25，
　　第 5 版。
30　〈以介眉壽〉，《臺灣日日新報》，1921.11.13，第 6 版。
31　〈瀛社小集〉，《臺灣日日新報》，1921.12.02，第 6 版。

5 日，瀛社小集〈湯婆元韵〉，洪以南、連雅堂、黃贊鈞評點，獲第十[33]。

◆14 日，林爾嘉結婚三十週年，作七律賀之。

---

[32] 連雅堂，〈偶園小集〉：「秋氣正搖落，驅車過偶園。菊花猶滿地，竹葉復盈樽。暫息塵中事，來尋野外村。主人情意重，閒話到黃昏。」《臺灣日日新報》，1921.12.03，第 3 版。按：偶園為楊嘯霞所有。席上有謝雪漁、葉鍊金、黃水沛、林夢梅等。

[33] 十 雅堂，〈湯婆元韵〉，《臺灣日日新報》，1921.12.05，第 4 版。

大正十一年（1922），45 歲

1 月

4 日，發表〈元日以新茶水仙寄贈洪逸雅先生并繫以詩〉[1]，《詩
　集》未收。

27 日，為林獻堂祖母作〈題林母羅太夫人墓道〉詩，《詩集》
　未收。[2]

　〈寄題黃氏固園〉，收入《詩集》，改題為〈寄南社諸子〉。

2 月

中旬，擔任牛埔子臺灣製酒會社楊仲佐[3]徵詠「黃菊酒」之右詞
　宗，左詞宗為謝雪漁。左右各選出三十名，入選作品刊載迄
　6 月上旬畢。[4]

---

[1]　連武公，〈元日以新茶水仙寄贈洪逸雅先生并繫以詩〉：「迎春簫鼓鬧江天，
　　聊寄新茶配水仙。一椀清香烹活火，半鉤疏影漫寒泉。苦吟自得詩中味，
　　好夢同參畫裡禪。為問紅梅開也未，願分春色膽瓶前。」，《臺灣日日新報》，
　　1922.01.04，第 4 版。

[2]　雅堂，〈題林母羅太夫人墓道墓在霧峰萊園之萬梅崦〉中云：「斑衣自昔隨歡笑，
　　貞石於今有淚痕。……。我來下馬瞻崇壟，萬樹寒梅繞墓門。」〈寄題黃
　　氏固園〉中云：「天上樓臺原是夢，人間草木豈無情。中年蕩蕩多哀樂，
　　故舊寥寥感死生。」兩題皆有衰瑟之意，參《臺灣日日新報》，1922.01.27，
　　第 3 版。

[3]　楊仲佐（1875-1968）：號嘯霞，首任永和鎮長，知名畫家楊三郎之父、永
　　和網溪別墅的建造人。網溪別墅，位於新北市永和區博愛街上，落成於大
　　正八年（1919），位於楊三郎美術館旁。

10 日，重刊〈偶園小集〉[5]。

10 日，發表〈卜宅〉[6]。

15 日，發表〈吳鳳列傳〉[7]。本文亦見於《通史》。

4 月

6 日，攜妻眷往觀東京之平和博覽會，同行者有三達石油會社之司事張鴻圖。[8]

此行除順道探視在日留學的連震東，並至護國寺掃謝石秋墓、於東京會見李黃海。[9]行前賴紹堯作〈送雅棠遊京濱〉[10]。

9 日，詩壇〈接花拈花韻〉，左右詞宗石崖篁村評選，獲第八[11]。《詩集》未收。

15 日，發表〈寧靖王列傳〉[12]，本文亦見於《通史》。

---

[4] 〈黃菊酒詩榜〉，《臺灣日日新報》，1922.02.13，第 4 版。
左右詞宗雪漁、劍花選，〈黃菊酒〉，《臺灣日日新報》，1922.02.21，第 5 版；1922.02.25，第 6 版；1922.02.26，第 6 版；1922.02.27，第 4 版；1922.03.01，第 6 版；1922.03.13，第 4 版；1922.04.14，第 6 版；1922.04.28，第 6 版；1922.05.05，第 6 版；1922.05.09，第 6 版；1922.05.29，第 4 版；1922.06.02，第 6 版；1922.06.07，第 6 版。

[5] 雅堂，〈偶園小集〉，《臺灣時報》第 31 期（1922.02.10），頁 141。

[6] 雅堂，〈卜宅〉，《臺灣時報》第 31 期（1922.02.10），頁 141。

[7] 連雅棠，〈吳鳳列傳〉，《臺灣文藝叢誌》第 4 年 1 號（1922.02.15），頁 3-4。

[8] 〈晉京觀博覽會〉，《臺灣日日新報》，1922.04.03，第 4 版。

[9] 連雅棠，〈東游雜詩〉，《臺灣詩薈》第 12 號（1924.12.31），頁 13-16。

[10] 彰化賴紹堯悔之，〈悔之詩草（一）〉，《臺灣詩薈》第 17 號（1925.05.15），頁 23。

[11] 八　雅棠，〈接花拈花韻〉：「一枝春色竹籬斜，玉尺金刀用窓加。……托身休說非同種，雨露恩深待放花。」，《臺灣日日新報》，1922.04.09，第 6 版。

19 日，發表〈攜眷東游賦寄雪漁鄉長〉[13]，《詩集》未收。

30 日，午前 9 時，與林獻堂等人出席東京臺灣青年會舉辦之「春季例會兼歡迎林獻堂一行及東遊諸氏之歡迎會」，並演講「臺灣之歷史」；講者另有林獻堂、楊肇嘉、田川大吉郎、陳槐庭、施至善等。[14]

5 月

11 日，發表〈劉銘傳列傳〉[15]，本文亦見於《通史》。發表〈平和塔限尤韻〉[16]，《詩集》未收。

6 月

8 日，所設計之詩意閣「一騎紅塵（係用一騎紅塵妃子笑，無人知是荔枝來）故事」，於江山樓附近之臺北市議員郭廷俊宅邸之大稻埕霞海城隍祭典「詩意閣」與「陣頭」競賽評選中，獲一等賞。[17]

---

[12] 雅棠，〈寧靖王列傳〉，《臺灣文藝叢誌》第 4 年第 2 號（1922.04.15），頁 2-3。

[13] 雅堂，〈攜眷東游賦寄雪漁鄉長〉：「五嶽歸來富嶽游，又攜仙眷上蓬州。此行見說櫻花好，刮眼春光蕎地收。」《臺灣日日新報》，1922.04.19，第 5 版。

[14] 一青年會幹事，〈學界消息 臺灣青年會通信〉，《臺灣》第 3 年第 3 號（1922.06），頁 53-55。

[15] 雅堂，〈劉銘傳列傳〉，《臺灣》第 3 卷第 2 期（1922.05.11），頁 21-26。

[16] 雅棠，雨聲庵雅集〈平和塔限尤韻〉，《臺灣》第 3 卷第 2 期（1922.05.11），頁 37。

[17] 〈霞海城隍賽祭之盛況 賀來長官亦臨觀〉，《臺灣日日新報》，1922.06.10，第 6 版。

12 日，發表〈劉璈列傳〉[18]，見收於《通史》。

27 日，瀛社課題〈王濬樓船限蕭韻〉，謝汝銓、顏雲年、魏潤庵三人合選，獲第六[19]。

7 月

6 日，瀛社課題〈王濬樓船限蕭韻〉，謝汝銓、顏雲年、魏潤庵三人合選，獲第二十。

8 日，瀛社詩壇〈遠山限鹽韻〉，林獻堂、黃茂星兩氏合選，獲第一[20]。

8 日，發表〈顏鄭列傳〉[21]，文收入《通史》。

8 日，發表〈落櫻限麻韻〉[22]。

12 日，午後 5 時出席江山樓二樓食堂舉行之花選開票。當天招待北警察屬員、稻江各界人士約四十餘名監場開票，各妓序禮，飛觴度曲，9 時散會。

按：該活動由雅堂建議舉辦，自 6 月 16 日至 7 月 10 日，以交關（繳交）三十錢者贈票一枚為標準，計發出 54,679 票，計被投票者 113 人，選出前 30 名一一榜示，入選者各有獎品，擇日再舉辦授予儀式。[23]

18　雅堂，〈劉璈列傳〉，《臺灣》03 卷 03 期（1922.06.12），頁 29-34。

19　六　雅堂，〈王濬樓船限蕭韻〉，《臺灣日日新報》，1922.06.27，第 6 版。

20　二　雅堂，〈遠山限鹽韻〉，《臺灣日日新報》，1922.07.08，第 6 版。

21　雅堂，〈顏鄭列傳〉，《臺灣》03 卷 04 期（1922.07.08），頁 33-37。

22　雅堂，〈落櫻限麻韻〉，《臺灣》03 卷 04 期（1922.07.08），頁 49。

23　〈江山樓花選開票〉，《臺灣日日新報》，1922.07.14，第 6 版。

8 月

7、8 月之間，基隆靈泉寺研究會邀請雅堂往講「臺灣歷史」，
計三日。[24]

按：基隆月眉山靈泉寺之住持，以中學暑假之機，開佛教研
究會於寺中，邀請名人演講，自 7 月 23 日起，百日之間，每
日午後各講一回。[25]

27 日，發表〈題李學樵先生百蟹圖〉[26]。李氏為畫家，百蟹圖
為其最知名之作品。[27]

9 月

7 日，參加《臺灣日日新報》漢文部同仁發起之「續赤壁遊」
活動。此乃同人仿東坡泛舟赤壁韻事之規劃，與會者木村匡、
尾崎秀真、加藤駿、洪以南、林知義、羅秀惠、林聰明、葉
鍊金、郭廷俊、林述三、曹秋圃等。

午後 4 時於新店集合，遊船自新店石壁潭起，順流經網寮渡、
萬華、稻江，至舊稅關前渡頭為終點。會費每人金二元五十

---

[24] 〈靈泉寺之講演〉，《臺灣日日新報》，1922.08.04，第 6 版。

[25] 〈靈泉寺研究會〉，《臺灣日日新報》，1922.08.01，第 6 版。

[26] 雅堂，〈題李學樵先生百蟹圖〉，《臺南新報》，1922.08.27，第 5 版。

[27] 「稻江李學樵君，素能書畫。此番頻聞北支那飢饉慘狀，慨然欲有以濟之。
因擬自明日起，一箇月間，凡有應人所求，悉以充其賑濟之資。書為草行
隸，畫為蘭竹墨蟹。其所定潤筆資如左。……。」〈學樵君之義舉〉，《臺
灣日日新報》，1920.11.19，第 6 版。

錢,車資自費,舟貲公給,並有江山樓準備之酒餚。[28]遊後魏清德作〈新店賦〉[29],雅堂作〈夜游劍潭〉詩[30]。

10 月

7 日,將施行臺灣民商法,瀛社徵詩「臺灣民商法施行所感」,由雅堂、顏吟龍、謝雪漁任詞宗,體制為七古七律,交卷處為臺北市下奎町一丁目瀛社事務所,五十名內由林熊徵致贈獎品。[31]

延期收件至 11 月 10 日。[32]

8 日下午 4 時,櫟社二十年題名碑落成,出席萊園舉辦活的動,並於林幼春宅開擊鉢吟會。[33]

活動內容為林幼春報告開會,次櫟社長傅錫祺敘立碑之由,次來賓顏雲年、鄭永南、鄭作型等祝詞,雅棠披露各來賓祝詩,後宣佈散會,攝影紀念。公布擊鉢題目,首題「濁酒蒸韻」,詞宗趙雲石、王箴盤;次題「月餅先韻」,詞宗陳家駒、魏清德,限於 8 時交卷,繼而開宴。10 時閱畢發表。來賓出席者瀛社 4 名、桃社 6 名、諸羅約十餘名,竹社南社各 1 名,合櫟社社員約六十餘名。又鹿港書家鄭貽林、洪晚翠女士出其作品三十餘幅,分贈來賓。

28 〈續赤壁遊參加者〉,《臺灣日日新報》,1922.09.05,第 6 版。〈續赤壁遊韵事〉,《臺灣日日新報》,1922.09.03,第 6 版。
29 魏清德,〈新店賦〉,《臺灣日日新報》,1922.09.09,第 5 版。
30 雅堂,〈夜游劍潭〉,《臺灣日日新報》,1922.11.26,第 3 版。
31 〈瀛社徵詩〉,《臺灣日日新報》,1922.10.07,第 6 版。
32 〈瀛社徵詩延期〉,《臺灣日日新報》,1922.10.24,第 6 版。
33 〈櫟社題碑誌盛〉,《臺灣日日新報》,1922.10.11,第 6 版。

17 日,《臺灣詩乘》完稿,於《臺灣日日新報》徵求序文。[34]

17 日下午 3 時,出席崇聖會主辦、於大稻埕女子公學校內講堂
舉行之祀孔典禮。與會者百餘人,來賓有總督司令官、總督
長官代理,相賀、阿部、池田三局長,新元鐵道部長,高田
知事,堀內醫專校長,村田市尹代理,高木電力會社長,《臺
灣日日新報》赤石本社長等。會後移至江山樓二樓宴飲,入
夜則在建祥茶館舉辦孔教紀念演講會,席上尚有崇聖會木村
會長、顏雲年、葉鍊金、趙鴻蟠等演講。[35]

11 月

5 日下午 1 時,出席臺北州汐止白匏湖白雲寺護法李家齊所主
辦之擊鉢吟會。來賓 36 人,雅堂與魏清德任詞宗,並獲右元。
[36]

10 日,發表〈祝華南銀行開張為全臺紳士作〉[37]。

13 日,發表〈櫟社席上有感林癡仙賴悔之二兄〉、〈櫟社大會賦
似同人〉[38]。

19 日,櫟社詩友陳瑚病逝[39],作〈哭陳滄玉〉七律一首。

---

[34] 〈臺灣詩乘已成〉,《臺灣日日新報》,1922.10.09,第 4 版。

[35] 〈祀孔典禮紀盛　夜間孔教之講演亦盛〉,《臺灣日日新報》,1922.10.19,
第 6 版。

[36] 〈白雲寺吟會盛況〉,《臺灣日日新報》,1922.11.07,第 6 版。

[37] 雅堂,〈祝華南銀行開張為全臺紳士作〉,《臺灣文藝叢誌》1 年 13 號
(1922.11.10),頁 69。按:華南銀行為 1919 年 2 月開業。

[38] 連雅棠,〈櫟社席上有感林癡仙賴悔之二兄〉、〈櫟社大會賦似同人〉,《臺
灣日日新報》,1922.11.13,第 6 版。

[39] 〈詩人又溺一個〉,《臺灣日日新報》,1922.11.21,第 6 版。

中旬，詩壇〈十日菊〉，左右詞宗陳槐庭、連雅堂選。[40]

30 日，詩壇〈尋僧〉，左右詞宗連雅棠、魏清德選，獲右一[41]。

12 月

上旬，瀛社徵詩「臺灣民商法施行所感」，由謝雪漁雅堂顏雲年合選，選出七古二十名，七律三十五名。[42]

上旬，詩壇〈尋僧〉，左右詞宗連雅堂、魏清德選。[43]

15 日，發表〈大正十年十月讓山總督閣下招集全臺詩社諸友開茶話會於總督官邸席上蒙示佳什敬次原韻奉和〉[44]。

22 日、24 日，詩壇〈花榜〉，左簡若川、右吳萱草選，獲左五[45]、左十一、左十二[46]，《詩集》未收。

---

[40] 左右詞宗陳槐庭雅堂選，〈十日菊〉，《臺灣日日新報》，1922.11.13，第 4 版；1922.11.14，第 6 版；1922.11.15，第 6 版；1922.11.20，第 4 版；1922.11.21，第 6 版；1922.11.22，第 6 版；1922.11.23，第 6 版；1922.11.24，第 6 版。

[41] 右一 雅棠，〈尋僧〉，《臺灣日日新報》，1922.11.30，第 6 版。

[42] 〈瀛社徵詩揭曉〉，《臺灣日日新報》，1922.12.04，第 6 版。

[43] 左右詞宗連雅棠、魏清德選，〈尋僧〉，《臺灣日日新報》，1922.12.01，第 6 版；1922.12.02，第 6 版；1922.12.03，第 6 版；1922.12.05，第 6 版。

[44] 雅堂，〈大正十年十月。讓山總督閣下。招集全臺詩社諸友。開茶話會於總督官邸。席上蒙示佳什。敬次原韻。奉和。〉，《臺灣時報》第 28 期（1921.11.15），頁 141。

[45] 左五 雅堂〈花榜〉：「走馬章臺意氣殊，品題風月也清娛。記曾北里評花日。唱到傳臚是白珠。」《臺灣日日新報》，1922.12.22，第 6 版。

[46] 左十一 雅堂〈花榜〉：「數行密字寫珍珠，比似璇璣織錦圖。博得群芳齊仰首，花封也作狀元呼。」左十二 雅堂〈花榜〉：「選綠評紅意自珠，淡江風月屬吾徒。可知香國登科記，猶待天孫織錦無。」《臺灣日日新報》，1922.12.25，第 4 版。

24 日下午 1 時，於臺中吳子瑜宅抵之臺灣文社之理事會中，與
　　吳子瑜一同遞補死亡之鄭兆璜、陳瑚的理事職缺。[47]

本年

撰〈櫟社同人集序〉。（即《櫟社第一集》，1924 年出版）

---

[47] 〈文社理事會〉，《臺灣日日新報》，1922.12.29，第 4 版。

大正十二年（1923），46 歲

1 月

上旬，瀛社徵詩「臺灣民商法施行所感」得獎作品公布，詞宗謝汝銓、連雅堂、顏雲年。[1]

2 月

9 日，顏雲年病卒[2]，作輓聯「陋巷起英豪，隻手空拳，廿餘年困苦經營，礦業偉偉推巨鎮。故交思道義，傷心墜淚，十幾日纏綿疾病，天閽渺渺下巫陽。」

3 月

15 日，發表〈陳悆番先生誄辭〉[3]：「維大正十有三年一月二十有一日，陳慧番先生，終於里第，享壽七十有二齡。……鄉人士追懷盛德，欲表悲忱，謀所以示之世。而命不佞撰誄。」

---

[1] 詞宗謝汝銓、連雅棠、顏雲年三先生合選，〈臺灣民商法施行所感　七古〉，《臺灣日日新報》，1923.01.01，第 22 版；1923.01.02，第 4 版；1923.01.03，第 4 版；1923.01.04，第 4 版；1923.01.05，第 3 版；1923.01.06，第 3 版；1923.01.07，第 6 版。
詞宗謝汝銓、連雅棠、顏雲年三先生合選，〈臺灣民商法施行所感　七律〉，《臺灣日日新報》，1923.01.08，第 3 版；1923.01.09，第 5 版；1923.01.10，第 6 版；1923.01.11，第 6 版；1923.01.12，第 6 版。

[2] 〈顏雲年氏謝世〉，《臺灣日日新報》，1923.02.11，第 6 版。

[3] 雅堂拜撰，〈陳悆番先生誄辭〉，《臺灣日日新報》，1924.03.15，第 6 版。

陳世居北投庄，曾任保正，農會基本基金募集委員、地方稅調查委員、北投公學校學務委員等。

4 月

因應攝政宮裕仁皇太子東宮行啟，受林熊徵囑託，作詩 9 首，將大稻埕一帶的商號、文人入詩，並以此設計藝閣，作為歡迎活動。9 首詩見載於〈詩意〉，《臺灣詩薈》第 4 號。

攝政宮裕仁皇太子行啟臺灣[4]，其行程略紀如後：

12 日自日本出發。

16 日抵達基隆，巡行臺北、新竹、臺中、臺南、高雄、屏東、澎湖等地。

18 日，裕仁皇太子御賜菓子予臺北州下之學者、孝子、節婦；學者有魏清德（臺北市有明町三丁目 98 番地）、李種玉（臺北州新莊郡鷺洲庄三重埔字菜寮 429 番地）、連雅堂（臺北市下奎府町一丁目 246 番地）、謝汝銓（臺北市永樂町四丁目 61 番地）。[5]

27 日由基隆離臺，5 月 3 日返抵日本。[6]

◆為新竹詩人王松《如此江山樓詩存》作跋。

4　〈下賜御菓子〉，《臺灣日日新報》，1923.04.18，第 6 版。

5　〈御下賜菓子　學者〉，《臺灣日日新報》，1923.04.20，第 6 版。裕仁太子（昭和天皇）於 4 月 16-27 日巡啟臺灣，並於全島各州下統計孝子、節婦、順孫、義僕，以及碩學鴻儒、全島戰傷病兵、公傷警察官、蕃界警備員、高齡者等，下賜有御紋章之菓子，以資褒揚。碩學鴻儒部份，臺北州 4 人、新竹州 2 人、臺中州 4 人、臺南州 1 人、高雄州 4 人。

6　〈東宮殿下歸京〉，《臺灣日日新報》，1923.05.03，第 13 版。〈御召艦基隆拔錨　白波を蹴つて帝都へ〉，《臺灣日日新報》，1923.04.28，第 7 版。

5 月

9 日，全臺聯吟大會〈八角蓮十一眞韻〉，左右詞宗林少眉、趙雲石選，獲左翰一右五[7]。《詩集》未收。

14 日，發表〈臺灣詩乘序〉[8]。

9 月

9、10 日，本院寺大稻埕佈教所，舉辦關東大地震（本月 1 日）亡靈追悼會，邀請新起町本院寺主任佐佐木院主、野上布教使、王佈教所主任、雅堂、葉鍊金、黃監等人，演講佛教之精神。頗有捐款者。[9]

11 日起連三天，臺灣文化協會臺北支部舉辦第一回短期講習「臺灣通史講習會」，由雅堂在臺北市港町主講。聽眾約三百名。講題分六章，一緒論、二土番時代、三荷蘭時代、四鄭氏時代、五清代、六民主國始末。[10]

中旬，參與臺中林子瑾、台南黃欣籌辦之政學會，已募集會員約五十名。按：本會以研究臺灣政治狀態為目的，由林子瑾發起。[11]

7　左翰一右翰五　雅堂，〈八角蓮十一眞韻〉：「亭畔風微蕩，溪邊水有皺。稜痕非六出，花萼現千身。叉手詩情豔，低頭畫本新。好將元愷意。占盡遯山春。」《臺灣日日新報》，1924.05.09，第 6 版。

8　連雅棠，〈臺灣詩乘序〉，《臺灣日日新報》，1923.05.14，第 4 版。

9　〈佛徒熱誠弔慰〉，《臺灣日日新報》，1923.09.13，第 6 版。

10　〈連氏之講史〉，《臺灣日日新報》，1923.09.14，第 6 版。又林文月《青山青史──連雅堂傳》指出，會場在港町二丁目（即今西寧北路），夜間上課，演講從 9 月 11 日到 24 日，現場有日本警察監看演講內容。

11　〈臺中　政學會〉，《臺灣日日新報》，1923.09.16，第 3 版。

為文友楊仲佐、葉鍊金兩家作媒。楊仲佐次子鏡秋（20 歲），去年由商工學校畢業，正佐理自家酒仲賣業務，與葉鍊金肆業於第三高女二年級的長女蓁蓁（16 歲）訂婚。[12]

10 月

31 日（天長節），出席臺北天籟吟社一週年紀念大會，獲首唱左元。

天籟吟社於東方薈旗亭舉辦大會，午後 2 時開式，參與者計二百餘名，林幼春、鄭雪汀為首唱詞宗，拈題「羯鼓」，七絕先韻；次唱詞宗林子瑾、鄭坤五，拈題「洋琴」，七絕支韻；三唱詞宗鄭作型、莊怡華，拈題「鶴鏡」，詩畸分詠格。臺人另有張純甫、鄭永南、林子修、謝雪漁等，日人有尾崎、柳田二人。12 時散會。

《臺灣日日新報》鈴木攝影師更於會場拍攝紀念。捐贈獎品者有蔡伯毅、曾六瑞、江夢筆、洪以南、林清月、李學樵、鄭香圃等。[13]

11 月

4 日，天籟吟社創立一週年擊鉢錄〈首唱　羯鼓韻一先〉，左右詞宗鄭雪汀、林南強氏選，獲左一右十二[14]。

---

[12] 〈楊葉兩家定婚〉，《臺灣日日新報》，1923.09.18，第 6 版。

[13] 〈天籟一週年大會〉，《臺灣日日新報》，1923.11.02，第 6 版。

[14] 左一右十二　雅棠，〈天籟吟社創立一週年擊鉢錄首唱　羯鼓韻一先〉，《臺灣日日新報》，1923.11.04，第 6 版。

12 月

6 日，發表〈淡江喜晤圓瑛法師〉[15]。

◆15 日，於臺灣文化協會臺北支部第二回通俗學術土曜講座講「詩學淵源」。

中旬，〈宴東薈芳旗亭〉作品公布，詞宗左黃爾璇、右連雅堂氏。[16]

本年

◆冬，與謝汝銓、魏清德、黃贊鈞、劉育英、羅秀惠、劉克明、張漢（純甫）、林馨蘭等陸續參加臺北鐘社之鐘會。後由林景仁加以編輯，題名「東海聯鐘」（《雅言》稱「東海鐘聲」），並連載於《臺灣詩薈》。

◆子震東畢業於日本慶應大學普通部，升同校經濟系預科。

---

[15] 雅棠，〈淡江喜晤圓瑛法師〉，《臺灣日日新報》，1923.12.06，第 6 版。

[16] 詞宗左黃爾璇右雅堂氏，〈宴東薈芳旗亭〉，《臺灣日日新報》，1924.12.15，第 4 版；1924.12.21，第 4 版；1924.12.30，第 4 版。

大正十三年（1924），47 歲

1 月

擬訂於 2 月中發行《臺灣詩薈》（月刊），於《臺灣日日新報》刊登廣告。[1]

臺北林本源家族汲古書屋徵詩，詩題「赤崁樓」七古不限韻、限長短句，「論詩」五古限四寘韻。至本月 20 日截止，計收 80 餘篇，選取後將刊於《臺灣詩薈》第 2 號。[2]

◆17 日，於臺灣文化協會臺北支部第七回通俗學術土曜講座講「六波羅蜜」。

2 月

◆11 日，出席臺北高山文社於艋舺俱樂部舉辦之創立二週年紀念大會。

15 日，發行《臺灣詩薈》首號，每冊售價三角，並於《臺灣日日新報》刊登廣告。[3]

於《臺灣詩薈》第 1 號[4]發表作品：連雅棠，〈臺灣詩薈發刊序〉。連雅棠，〈夜宿凌雲寺〉（五律）。連雅棠，〈曉起〉（五律）。

---

[1]　〈《臺灣詩薈》將刊〉，《臺灣日日新報》，1924.01.05，第 4 版。按：《臺灣詩薈》自 1924 年 2 月創刊，1925 年 10 月停刊，共出刊 22 期。

[2]　〈林本源家徵詩〉，《臺灣日日新報》，1924.01.08，第 6 版。〈汲古徵詩消息〉，《臺灣日日新報》，1924.01.30，第 6 版。

[3]　〈《臺灣詩薈》出矣〉，《臺灣日日新報》，1924.02.17，第 6 版。

連雅棠，〈次韻酬文訪并呈同社〉（七律）。連雅棠，〈臺灣通史序〉。連雅棠，〈賜姓始末附志〉[5]。連雅棠，〈臺灣漫錄（一）〉。臺南連雅棠輯，〈臺灣詩乘（一）〉。

《臺灣詩薈》第 1 號文友贈答：莊南村，〈瑞軒小集次雅棠韻〉。林景仁，〈東海鐘聲・序〉[6]。林仲衡，〈瑞軒同雅棠夜話〉。林熊祥，〈臺灣詩薈發刊漫成三十二韻似雅棠先生〉。

◆16 日，於臺灣文化協會臺北支部第十一回通俗學術土曜講座講「孔子大同學說」。

18 日，「汲古書屋徵詩」發表，子震東獲「赤嵌樓」第一名。[7]

28 日，臺北　連震東，「汲古書屋後人徵詠」〈赤嵌樓〉[8]。又載於《臺灣詩薈》第 2 號，「汲古書屋徵詩」。

3 月

15 日，發行《臺灣詩薈》第 2 號。首號已銷售三千餘份。[9]

4　《臺灣詩薈》第 1 號（1924.02.15）。

5　按：餘姚黃宗羲撰，〈賜姓始末〉。雅堂僅作文末「附志」。

6　林景仁有〈序〉云：「時連君劍花適有詩薈之刊，因以此稿付之，并略書各格體例於後，以備補白云爾。」

7　〈汲古屋徵詩發表〉，《臺灣日日新報》，1924.02.18，第 6 版。按：得獎名單為：〈赤嵌樓〉「一、連震東。二、古餘。三、周思禮。四、左去非。五、王則修。六、亭亭。七、洞天仙侶。八、水如。九、詩兵。十、孝鶴。」〈論詩〉「一、ST 生。二、王了菴。三、瑤英氏。四、詩奴。五、王則修。六、周思禮。七、古餘。八、連孟華。九、邁公。十、南豐逸客。」

8　臺北連震東，「汲古書屋後人徵詠」〈赤嵌樓〉，《臺灣日日新報》，1924.02.28，第 6 版。

9　〈《詩薈》又將出矣〉，《臺灣日日新報》，1924.03.13，第 6 版。

於《臺灣詩薈》第 2 號[10]發表作品：連雅棠，〈臺灣詩薈發行賦
呈騷壇諸君子〉（五古）。連雅棠，〈觀音山四首〉（五古）。連
雅棠，〈次韻酬文訪幷呈小眉〉（五律）。連雅棠，〈臺灣詩社
記〉。連雅棠，〈臺灣漫錄（二）〉。臺南連雅棠輯，〈臺灣詩乘
（二）〉。雅棠，〈鯤鹿摭聞　異僧瀼陽消夏錄〉。

《臺灣詩薈》第 2 號文友贈答：蔡惠如，〈雅棠發刊詩薈來書
索詞填此以祝時適舊曆元旦也　滿庭芳〉。林幼春，〈雅棠以
信索詩監中逾期不成報以長句兼呈小眉詞長〉、〈前詩偶有訛
字重勞點定以此自訟〉。

4 月

15 日，《臺灣詩薈》第 3 號出刊，並於《臺灣日日新報》刊登
廣告。[11]

於《臺灣詩薈》第 3 號[12]發表作品：連雅棠，〈春日謁延平郡王
祠〉（五古）。連雅棠，〈閒散石虎墓記〉。雅棠，〈遺書附刊豫
告〉。連雅棠，〈顏鄭列傳〉。連雅棠，〈臺南古跡志（一）〉。
連雅棠，〈茗談〉。雅棠，〈讀者諸君惠鑒〉。

《臺灣詩薈》第 3 號與文友贈答：小眉，〈尺牘　與雅堂〉。
灌園，〈尺牘　復雅堂〉。[13]棄生，〈尺牘　復雅堂〉。濟臣，〈尺

10　《臺灣詩薈》第 2 號（1924.03.15）。
11　〈《詩薈》第三號將出〉，《臺灣日日新報》，1924.04.13，第 6 版。
12　《臺灣詩薈》第 3 號（1924.04.15）。
13　「茲呈數首及太岳舊作亦數首，可否察收？」「櫟社同人集稿，在鶴亭兄
　　處，向之索取可也。」

牘　復雅堂〉。溥泉,〈尺牘　與雅堂〉。薇閣,〈尺牘　與雅堂〉。[14]

下旬,詩友楊仲佐、葉鍊金兒女婚禮。男方楊鏡秋畢業於商工學校,女方葉蓁蓁為第三高等女學校畢業。按:去年訂婚,乃經雅堂作媒撮合。[15]

◆19 日,於臺灣文化協會臺北支部第二十一回通俗學術土曜講座講「釋迦佛傳」。

21 日,張我軍發表〈致臺灣青年的一封信〉[16],揭開臺灣新舊文學論爭序幕。其後雅堂於《臺灣詩薈》第 10 號(1924.11)為林小眉《臺灣詠史》作〈跋〉,語多斥駁,遂成為「舊文學陣營」之代表,以及新文學界的攻擊目標。

5 月

15 日,《臺灣詩薈》第 4 號發行,並於《臺灣日日新報》刊登廣告。[17]

於《臺灣詩薈》第 4 號[18]發表作品:連雅棠,〈城南雜詩〉(七絕十首)。雅棠,〈跋《南游吟草》[19]〉。連雅棠,〈佛教東來考〉。連雅棠,〈寧靖王列傳〉。臺南連雅棠輯,〈臺灣詩乘(三)〉。連雅棠,〈臺灣漫錄(三)〉。雅棠,〈詩意〉。

---

[14] 「頃奉惠到《臺灣詩薈》,不勝謝謝。」「訂購一份,以備展讀。」

[15] 〈允稱嘉耦〉,《臺灣日日新報》,1924.04.11,第 6 版。

[16] 張我軍,〈致臺灣青年的一封信〉,《臺灣民報》,1924.04.21,第 10 版。

[17] 〈詩薈第四號發行〉,《臺灣日日新報》,1924.05.19,第 6 版。

[18] 《臺灣詩薈》第 4 號(1924.05.15)。

[19] 按:黃欣《南游吟草》。

《臺灣詩薈》第 4 號文友贈答：魏潤庵，〈寄連劍花〉。林景仁，〈贈劍花〉。楊爾材，〈雅堂先生發刊詩薈漫成絕句以祝〉。

6 月

15 日，《臺灣詩薈》第 5 號發行，並於《臺灣日日新報》刊登廣告。[20]

於《臺灣詩薈》第 5 號[21]發表作品：連雅棠，〈延平王祠古梅歌〉（七古）。連雅棠，〈櫟社同人以銀瓶贈鶴亭社長幷媵以詩〉（七律）。連雅棠，〈次韻送小眉之鷺門〉（七律）。連雅棠，〈祭閒散石虎文〉。連雅棠，〈陳永華列傳〉。連雅棠，〈前題〉[22]。臺南連雅棠輯，〈臺灣詩乘（四）〉。連雅棠，〈臺南古跡志（二）〉。

《臺灣詩薈》第 5 號文友贈答：黃欣，〈《詩薈》發刊題贈雅堂先生〉。林南強，〈〈臺灣開闢紀〉序〉。漢如（李黃海），〈尺牘　與雅堂〉。溥泉，〈尺牘　復雅堂〉。緩圖，〈尺牘　與雅堂〉。

7 月

◆5 日，於臺灣文化協會臺北支部第三十二回通俗學術土曜講座講「食力論」。

20　〈《詩薈》第五號又出〉，《臺灣日日新報》，1924.06.15，第 4 版。
21　《臺灣詩薈》第 5 號（1924.06.15）。
22　按：前題為沁園擬作，〈劍潭夜光碎錦格〉。

15 日，《臺灣詩薈》第 6 號發行，並於《臺灣日日新報》刊登廣告。[23]

於《臺灣詩薈》第 6 號[24]發表作品：連雅棠，〈題恭邸長公主紈扇獨立圖〉（七古）。連雅棠，〈我昔〉（五律）。連雅棠，〈題牡丹畫扇〉（七絕）。連雅棠，〈臺灣開闢紀論贊〉。連雅棠，〈臺灣漫錄（三）〉。

《臺灣詩薈》第 6 號文友贈答：黃師竹，〈雅堂先生惠贈詩薈綴此誌謝〉（七絕二首）。施景琛，〈小眉出示臺灣詩薈率成四絕並柬雅堂如棣〉（七絕四首）。

8 月

◆10 日，臺灣文化協會於霧峰萊園舉辦第一回夏季學校，自 10 日起講習一週，聘雅堂講「臺灣通史」。

15 日，《臺灣詩薈》第 7 號發行，並於《臺灣日日新報》刊登廣告。[25]

於《臺灣詩薈》第 7 號[26]發表作品：連雅棠，〈夏日游淡江水源地是世界第三泉〉（五古）。連雅棠，〈題呂厚庵遺詩〉（五律）。連雅棠，〈如此江山將去吉林楊怡山囑題寫真冊子倚此志別〉。連雅棠，〈稻江圖書館議〉。連雅棠，〈林圯林鳳列傳〉。臺南連雅棠輯，〈臺灣詩乘（五）〉。連雅棠，〈臺南古跡志（三）〉。

---

[23] 〈《詩薈》六號將出〉，《臺灣日日新報》，1924.07.15，第 4 版。
[24] 《臺灣詩薈》第 6 號（1924.07.15）。
[25] 〈《臺灣詩薈》續出〉，《臺灣日日新報》，1924.08.23，第 4 版。
[26] 《臺灣詩薈》第 7 號（1924.08.15）。

《臺灣詩薈》第 7 號文友贈答：楊笑儂，〈贈劍花先生用茂笙題詩薈發刊韻〉。林南強，〈贈連劍花〉。師竹[27]，〈尺牘 復雅堂〉。沁園，〈尺牘 復雅堂〉[28]。九齡[29]，〈尺牘 與雅堂〉。笑儂[30]，〈尺牘 與雅堂〉。太虛[31]，〈尺牘 與雅堂〉。

◆16 日，臺灣文化協會第一回夏季學校閉幕式，全體師生於萊園合影留念。

9 月

15 日，《臺灣詩薈》第 8 號發行。

於《臺灣詩薈》第 8 號[32]發表作品：連雅棠，〈寄李耐儂夫婦己未〉（七絕四首）。連雅棠，〈稻江井欄記書後〉。連雅棠，〈劉國軒列傳〉。連雅棠，〈臺灣漫錄（五）〉。連雅棠，〈星洲懷古〉。

《臺灣詩薈》第 8 號文友贈答：魏潤庵，〈大陸詩草序〉。

◆27 日，於臺灣文化協會臺北支部第四十回通俗學術土曜講座講「東西科學之比較」。

---

27 黃師竹，名鶴，泉州人，清光緒壬寅（1902）舉人。
28 「來書欲搜梁鈍庵先生之詩。甚善！」「茲上詩文目錄一紙，凡四十餘篇；皆鈍庵親手錄示及向報紙鈔存者。」
29 臺北王九齡。
30 彰化楊樹德。
31 武昌釋太虛。
32 《臺灣詩薈》第 8 號（1924.09.15）。

10 月

4 日，《臺灣詩薈》徵求詩鐘「一剪梅鼎足格」，期限至 10 月 25 日，預計刊於元旦號。[33]

15 日，《臺灣詩薈》第 9 號發行，並於《臺灣日日新報》刊登廣告。[34]

於《臺灣詩薈》第 9 號[35]發表作品：連雅棠，〈吳立軒先生挽詩〉（五律三首）。連雅棠，〈宿栖雲巖〉（五絕四首）。連雅棠，〈題荷人約降鄭氏圖〉（七絕）。連雅棠，〈櫟社第一集序〉。連雅棠，〈林母陳太孺人墓表〉[36]。臺南連雅棠輯，〈臺灣詩乘（六）〉。連雅棠，〈臺南古跡志（四）〉。連雅棠，〈留聲器考〉。雅堂，〈鯤鹿摭聞〉。

11 月

15 日，《臺灣詩薈》第 10 號發行，並於《臺灣日日新報》刊登廣告。[37]

於《臺灣詩薈》第 10 號[38]發表作品：連雅棠，〈劍潭題壁〉（七體）。連雅棠，〈八月二十七日觀臺北祀孔有感〉（七律）。連雅棠，〈西風〉（七絕）。雅堂，〈臺灣詠史跋〉[39]。雅棠，〈東

33　〈《詩薈》徵求詩鐘〉，《臺灣日日新報》，1924.10.04，第 4 版。

34　〈《詩薈》第九號出矣〉，《臺灣日日新報》，1924.10.16，夕刊第 04 版。

35　《臺灣詩薈》第 9 號（1924.10.15）。

36　按：櫟社林朝崧之母。

37　〈詩薈第十號將出〉，《臺灣日日新報》，1924.11.15，夕刊第 04 版。

38　《臺灣詩薈》第 10 號（1924.11.15）。

39　為林景仁〈臺灣詠史〉作跋，言及「今之學子，口未讀六藝之書，目未接百家之論，耳未聆〈離騷〉樂府之音，而囂囂然曰：『漢文可廢！漢文可

西科學考證九月廿七日於臺北文化講座〉。連雅棠,〈臺灣漫錄
（六）〉。連雅棠,〈書鄭氏故將〉。

◆21 日,張我軍發表〈糟糕的臺灣文學界〉[40],再度抨擊舊文
學界。

12 月

15 日,《臺灣詩薈》第 11 號發行,並於《臺灣日日新報》刊
登廣告。月底增出一期,以足本年 12 冊之額。每冊定價 30
錢。[41]

於《臺灣詩薈》第 11 號[42]發表作品:連雅棠,〈傍市一首寄小眉
攝津〉（七律）。連雅棠,〈新店為臺北勝地猝遭洪水室廬盡沒
覩此淒涼愴然以弔〉（七律）。連雅棠,〈林占梅列傳〉。連雅
棠,〈臺灣漫錄（六）〉。雅棠,〈稗海紀遊跋〉。

　　《臺灣詩薈》第 11 號文友贈答:蘇菱槎,〈中秋夜獨酌憶雅
棠〉。

◆21 日,張我軍,〈為臺灣的文學界一哭〉[43],乃針對雅堂而發。

◆22 日,撰《閩海紀要》序。

廢！』甚而提倡新文學,鼓吹新體詩,秕糠故籍,自命時髦,吾不知其所
謂新者何在？其所謂新者,特西人小說戲劇之餘,丐其一滴,沾沾自喜,
是誠塪窪之蛙,不足以語汪洋之海也,噫！」實對張我軍批判舊文學的回
應。

40　一郎,〈糟糕的臺灣文學界〉,《臺灣民報》,1924.11.21,第 6 版。

41　〈《臺灣詩薈》之內容〉,《臺灣日日新報》,1924.12.17,第 4 版。

42　《臺灣詩薈》第 11 號（1924.12.15）。

43　張我軍,〈為臺灣的文學界一哭〉,《臺灣民報》,1924.12.11,第 10 版,乃
　　針對雅堂於《臺灣詩薈》第 10 號（1924.11）載〈臺灣詠史跋〉（為林小眉
　　所作）而發。

31 日,《臺灣詩薈》第 12 號發行,並於《臺灣日日新報》刊登廣告。[44]

於《臺灣詩薈》第 12 號[45]發表作品:連雅棠,〈蓬萊曲甲寅〉(七古)。連雅棠,〈甲子除夕〉(五律四首)。連雅棠,〈著書〉(七律)。連雅棠,〈題陸丹林紅樹室圖〉(七絕)。連雅棠,〈東游雜詩〉(七絕四十首)。連雅棠,〈萬梅崦記〉。雅棠,〈明季寓賢列傳臺灣通史〉。臺南連雅棠輯,〈臺灣詩乘(七)〉。連雅棠,〈延平慶誕碑記跋〉。連雅棠,〈番俗撽聞〉。連雅棠,〈左傳索隱(一)〉。連雅棠,〈紀五使嶼〉。

《臺灣詩薈》第 12 號文友贈答:林南強,〈題劍花大陸詩草〉。林小眉,〈詩薈紀晬序〉。林熊祥,〈我對於漢文的感想〉[46]。

本年

◆秋,普陀山志圓法師旅臺宣法華經,與之交。

志圓在臺北江山樓席上賦七律贈雅堂,製題為〈江山樓席上呈雅堂居士〉,雅堂次韻和之。雅堂並與訂定參普陀之約,將鼓棹過瀛洲,共倚潮頭聽梵音。

三閱月後,志圓將歸南海,畫梅花長卷並留示梅花百詠,又賦五絕〈將歸南海為雅堂居士畫梅花長卷〉;雅堂亦有〈送志圓法師歸南海即用前韻〉之作,而志圓復作〈雅堂居士賦詩贈行即用前韻答之〉。

---

[44] 〈《臺灣詩薈》又出〉,《臺灣日日新報》,1924.12.31,第 4 版。

[45] 《臺灣詩薈》第 12 號(1924.12.31)。

[46] 林熊祥〈我對於漢文的感想〉:「於這大正十四年的春頭,要印行元旦特別號。一時的知交名士,寄稿的很不少,(雅堂)卻也來向我要一篇文字。」

◆臺北女子吳瑣雲，邀集同志創設漢文研究會，雅堂深嘉其志，
　而祝其會之成。或疑其隱，老成者且憂之，雅堂則曰：「夫今
　日之女子，非復舊時女子也。社會盛衰，男女同責；況研漢
　文，尤為正當，復何疑！唯主其事者，必須熱誠其心，高尚
　其志，黽勉其業，復得名師益友而切磋之，以副其所期，則
　疑者自釋，而憂者且喜。」[47]。

47　棠，〈餘墨〉，《臺灣詩薈》第 3 號（1924.04.15），頁 46。

大正十四年（1925），48歲

1月

1 日，《臺灣詩薈》徵詩「稻江冶春詞」，七絕不限韻，期限為本月 30 日。[1]

7 日，發表〈贈施乾有引〉[2]。

15 日，《臺灣詩薈》第 13 號發行，並於《臺灣日日新報》刊登廣告。[3]

於《臺灣詩薈》第 13 號[4]發表作品：連雅棠，〈寒鴉歎〉（七古）。連雅棠，〈秋日寄李耐儂〉（五律）。連雅棠，〈次韻和菽莊先生九日登大倉山〉（七律）。連雅棠，〈寒鴉歎〉（七古）。連雅棠，〈題印度佛教史〉（七絕）。連雅棠，〈清宮玉版記〉。臺南連雅棠輯，〈臺灣詩乘（八）〉。連雅棠，〈自來水考〉。連雅棠，〈書黃蘗寺僧〉。雅棠，〈跋釋華佑游記〉。

《臺灣詩薈》第 13 號文友贈答：蘇菱槎，〈寄雅棠〉（七律）。莊怡華，〈次雅棠韻寄小眉神戶〉（七律）。六石[5]，〈尺牘 與

---

1 〈臺灣詩薈徵詩〉，《臺灣日日新報》，1925.01.01，第 6 版。
2 連雅棠，〈贈施乾有引〉，《臺灣日日新報》，1925.01.07，夕刊第 4 版。
3 〈《詩薈》繼續發行〉，《臺灣日日新報》，1925.01.17，第 4 版。
4 《臺灣詩薈》第 13 號（1925.01.15）。
5 東京佐藤寬。

雅堂〉。友竹[6],〈尺牘　復雅堂〉。韻珊[7],〈尺牘　復雅堂〉。丹林[8],〈尺牘　與雅堂〉。菽園[9],〈尺牘　復雅堂〉。

2 月

5 日,《臺灣詩薈》徵詩之「稻江冶春詞」因投稿者少,展期至本月 15 日。[10]

8 日,午後 4 時,於江山樓舉辦聖廟籌建磋商會議,出席者八十餘名。陳培根、木村匡、辜顯榮、雅堂相繼演說,並進行議事:

一、文武廟建設。

二、經費預算額。

三、經費提捐區域及其方法。

四、建設預定地。

五、建築規模。

六、董事選舉。辜顯榮、木村匡、王慶忠、吳昌才、陳培根、雅堂於別室磋商董事。

議畢開宴,至 6 時散。[11]

6　新竹王松。
7　泉州施韻珊。
8　上海陸傑夫。
9　星加坡邱煒萲。
10　〈《詩薈》徵詩展期〉,《臺灣日日新報》,1925.02.05,夕刊第 4 版。
11　〈聖廟籌建磋商會詳誌〉,《臺灣日日新報》,1925.02.10,夕刊第 4 版。

15 日，《臺灣詩薈》第 14 號發行，於《臺灣日日新報》刊登廣
　告。[12]

於《臺灣詩薈》第 14 號[13]發表作品：連雅棠，〈贈施乾有引〉（五
　古）。連雅棠，〈江山樓席上次韻和志圓法師〉（七律）。連雅
　棠，〈送志圓法師歸南海卽用前韻〉（七律）。連雅棠，〈贈歌
　者雲霞〉（七絕）。連雅棠，〈書陳星舟先生遺著〉。臺南連雅
　棠輯，〈臺灣詩乘（九）〉。連雅棠，〈臺灣漫錄（七）〉。連雅
　棠，〈書何孝子〉。雅棠，〈跋臺灣隨筆〉[14]。〈臺灣詩薈同人錄
　（甲子）以登出先後為序（一）〉。

　《臺灣詩薈》第 14 號文友贈答：釋志圓，〈江山樓席上呈連
　雅堂居士〉。釋志圓，〈雅堂居士賦詩贈行卽用前韻答之〉。

◆以「治警事件」，蔣渭水被判四個月徒刑，蔡惠如、陳逢源被
　判三個月，入獄服刑。

3 月

7-8 日，下午 6 時起，出席海山郡板橋庄大觀書社舉辦孔教演講
　會，演講「孔子教義」。主辦人林青山，另有王少濤講「孔子
　經歷」、趙鴻蟠講「聖人開教之始」、廖錫恩「談孔教」。[15]

14 日，發表〈寄魏君潤菴〉[16]。

12　〈《臺灣詩薈》之內容〉，《臺灣日日新報》，1925.02.18，第 4 版。
13　《臺灣詩薈》第 14 號（1925.02.15）。
14　華亭徐懷祖撰，〈臺灣隨筆〉。
15　〈板橋孔教講演會〉，《臺灣日日新報》，1925.03.09，第 4 版。
16　連雅棠，〈寄魏君潤菴〉，《臺灣日日新報》，1925.03.14，夕刊第 4 版。

15 日,《臺灣詩薈》第 15 號發行,並刊出前徵之「稻江冶春詞」入選者作品十名。於《臺灣日日新報》刊登廣告。[17]

於《臺灣詩薈》第 15 號[18]發表作品:連雅棠,〈薔薇謠〉(五古)。連雅棠,〈北望八首袁世凱僭帝時作〉(五律)。連雅棠,〈次韻酬香禪女士見懷之作〉(七律)。連雅棠,〈次韻酬菱槎〉(七律)。連雅棠,〈稻江冶春詞擬作〉(七絕二十四首)。連雅棠,〈麻雀考原〉。連雅棠,〈左傳索隱(二)〉。連雅棠,〈書陳三姐〉。連雅棠,〈臺灣詩薈同人錄(甲子)以登出先後為序(二)〉。

　　《臺灣詩薈》第 15 號文友贈答:王香禪,〈秋夜有懷雅堂先生〉。莊怡華,〈寄菱槎鷺門即次其懷雅棠韻〉。

◆林資修以「治警事件」被判入獄三個月。

4 月

1 日,與魏清德唱和。連雅棠,〈寄魏君潤菴〉;魏潤菴,〈連君劍花。與余為忘形之契。時或勿對不言。終日無忤。惟談則必娓娓忘倦。浹旬不見。書札往來亦歡之特也。特以詩答之。〉。[19]

15 日,《臺灣詩薈》第 16 號發行,並於《臺灣日日新報》刊登廣告。[20]

---

[17]　〈《詩薈》徵詩揭曉〉,《臺灣日日新報》,1925.03.11,夕刊第 4 版。〈詩薈十五號發行〉,《臺灣日日新報》,1925.03.17,第 4 版。
[18]　《臺灣詩薈》第 15 號(1925.03.15)。
[19]　皆載於《臺灣時報》第 66 期(1925.04.01),頁 201。
[20]　〈《詩薈》內容紹介〉,《臺灣日日新報》,1925.04.18,第 4 版。

於《臺灣詩薈》第 16 號[21]發表作品：連雅棠，〈吾生一首次文訪韻〉（五古）。連雅棠，〈夜遊劍潭〉（七律）。連雅棠，〈杜鵑〉（七絕）。連雅棠，〈序古代哲學概論〉[22]。臺南連雅棠輯，〈臺灣詩乘（一○）〉。連雅棠，〈臺灣詩薈同人錄（甲子）以登出先後為序（三）〉。

《臺灣詩薈》第 16 號文友贈答：許自立（豫庭），〈雅堂先生發刊詩薈周晬賦此寄祝〉。下村宏（海南），〈臺灣通史序〉。

5 月

◆10 日，因治警事件入獄之蔣渭水、蔡惠如、陳逢源、林資修，出獄。

按：雅堂與治警事件諸君子唱和，詩作見〈次韻和南強獄中落花〉、〈陳芳園過訪，出示獄中諸詩，率爾賦贈〉、〈蔡鐵生出獄，以蟄龍吟寄示，走筆報之〉、〈聞南強、鐵生、芳園出獄，走筆訊之〉。

15 日，《臺灣詩薈》第 17 號發行，刊登廣告於《臺灣日日新報》。[23]

◆15 日，《臺灣詩薈》第 17 號之〈餘墨〉刊數則有關新體詩之評論，頗引起新文學界之議論。

於《臺灣詩薈》第 17 號[24]發表作品：連雅棠，〈遊白雲寺示同遊李石鯨〉（七古）。連雅棠，〈寄懷蔡北崙西湖〉（七律）。連雅

---

[21]　《臺灣詩薈》第 16 號（1925.04.15）。
[22]　山口透（東軒），〈古代哲學概論〉。
[23]　〈《詩薈》愈發展〉，《臺灣日日新報》，1925.05.17，第 4 版。

棠,〈落花〉（五絕）。連雅棠,〈跋《紅樓夢》分詠〉。連雅棠,〈中國玉器時代考〉。連雅棠,〈悔之詩集序〉。連雅棠,〈吳鳳列傳臺灣通史〉。棠,〈啜茗錄〉。連雅棠,〈臺灣漫錄（八）〉。

《臺灣詩薈》第 17 號文友贈答：江庸（翊雲）,〈題臺灣詩薈〉。

20 日,《臺灣詩薈》徵求詩鐘,「蝴蝶蘭合詠格嵌春字」,五月底截止,將刊於第 19 號,入選者贈《閩海紀要》一冊。[25]

6 月

15 日,《臺灣詩薈》第 18 號發行,並於《臺灣日日新報》刊登廣告。[26]

於《臺灣詩薈》第 18 號[27]發表作品：連雅棠,〈圓山貝塚是原人穴居之跡紀之以詩〉（五古）。連雅棠,〈埔里社丁未舊作〉（五律）。連雅棠,〈落花詩和南強獄中韻〉（七律）。連雅棠,〈寄潤庵〉（七律）。連雅棠,〈徵求遺書〉。臺南連雅棠輯,〈臺灣詩乘（一一）〉。連雅棠,〈周代石鼓記〉。棠,〈花叢迴顧錄（一）〉。棠,〈花叢迴顧錄（二）〉。

《臺灣詩薈》第 18 號文友贈答：魏潤庵,〈答雅棠〉（七律）。佑安[28],〈尺牘　與雅堂〉。仲可[29],〈尺牘　復雅堂〉。北崙[30],

---

[24]　《臺灣詩薈》第 17 號（1925.05.15）。

[25]　〈翰墨因緣　《詩薈》徵求詩鐘〉,《臺灣日日新報》,1925.05.20,夕刊第 4 版。

[26]　〈《詩薈》內容紹介〉,《臺灣日日新報》,1925.06.20,第 4 版。

[27]　《臺灣詩薈》第 18 號（1925.06.15）。

[28]　泉州林翀鶴。

[29]　上海徐珂。

[30]　杭州蔡北崙。

〈尺牘 復雅堂〉。霞公[31],〈尺牘 與雅堂〉。南溟,〈尺牘 復
雅堂〉[32]。

◆《閩海紀要》出版。

7 月

◆1 日,張我軍,〈讀棠先生的縱談〉,刊載於《臺灣民報》29
號「隨感錄」,針對《臺灣詩薈》第 17 號〈餘墨〉,訶責雅堂
「不懂詩的本質」及「文學趣味太低」。

5 日下午 7 時,臺灣演藝影片研究會,於臺北東薈芳旗亭舉辦
發會式,至 9 時閉會。

臺灣演藝影片研究會,由大稻埕紳商為中心所創立,發起人
葉鍊金、楊仲佐、雅堂等十餘位,主旨為臺灣文化之向上、
固有陋習之改良,輔以產業之發展、演劇之上演、映畫之放
映等。事務所位於臺北太平町四之 126 杉義商行。

當天與會者有會員四十餘名,並選舉理事。[33]

15 日,《臺灣詩薈》第 19 號發行,並於《臺灣日日新報》刊登
廣告。[34]

---

31 廣州江孔殷。「去冬敝公司發起詩鐘徵卷,兼資告白。第一場金葉六唱,
不見有貴社中人投卷,當是道遠寄題未遍。第二場繼續徵詠,特寄上刊招,
乞遍佈同人。公為此間文壇牛耳,尚希不惜鼓吹,為敝公司生色。」
32 臺南胡殿鵬。「前書(按:指《寧南詩草》)索序,遲遲未發。……付序一
篇,乞哂改,餘容後陳。」
33 〈臺灣演藝影片會況〉,《臺灣日日新報》,1925.07.07,夕刊第 4 版。〈臺
灣演藝影片會況〉,《臺灣日日新報》,1925.07.07,夕刊第 2 版。〈臺灣演
藝將出演〉,《臺灣日日新報》,1925.08.09,夕刊第 4 版。〈臺灣演藝映畫
研究會誕生〉,《臺灣日日新報》,1925.07.05,第 5 版。

於《臺灣詩薈》第 19 號[35]發表作品：連雅棠，〈聞南强鐵生芳園
　　出獄走筆訊之〉（五律）。連雅棠，〈芳園過訪出示獄中諸詩率
　　爾賦贈〉（七律）。連雅棠，〈鐵生出獄以蟄龍吟寄余走筆報之〉
　　（七律）。連雅棠，〈啼鴃〉（七絕）。連雅棠，〈閩海紀要序〉。
　　連雅棠，〈臺灣漫錄（九）〉。連雅棠，〈書呂阿棗〉。棠，〈啜
　　茗錄〉。

　　《臺灣詩薈》第 19 號文友贈答：李玉斯，〈寄呈雅堂先生〉
　　（七絕二首）。南溟胡殿鵬，〈寧南詩草序〉。

《臺灣詩薈》第 19 號登載陳寶琛〈弢庵詩錄〉：「頃由令甥林君
　　文訪錄示舊作十數首，爰登詩薈，以餉吟朋。（雅棠）」

下旬，葉鍊金子瑤琳，於高雄州鳳山郡林子邊恆生醫院開業有
　　年，榮任公醫，北部世交多致電祝賀。雅堂贈聯曰「恒德慈
　　祥名聞海內，生機活潑春滿林邊。」[36]

◆30 日，子震東於臺灣青年會在臺北文化講座舉行之第一回演
　　講會，主講「兩樣的經濟生活」。

8 月

9 日，臺灣演藝影片研究會，已排練議題 4 種，預定於 8 月下
　　旬演出，入場費之收入將捐贈於慈善事業。後未見演出消
　　息。[37]

上旬，雅堂於大屯山八景題額勒石「冷然善也」。[38]

---

[34]　〈《詩薈》內容紹介〉，《臺灣日日新報》，1925.07.17，夕刊第 4 版。
[35]　《臺灣詩薈》第 19 號（1925.07.15）。
[36]　〈葉氏榮任公醫〉，《臺灣日日新報》，1925.07.23，夕刊第 4 版。
[37]　〈臺灣演藝將出演〉，《臺灣日日新報》，1925.08.09，夕刊第 4 版。

15 日，發表〈寄魏君潤菴〉[39]。

15 日，《臺灣詩薈》第 20 號發行，並於《臺灣日日新報》刊登廣告。[40]每冊定價 30 錢。

於《臺灣詩薈》第 20 號[41]發表作品：連雅棠，〈送蔡鐵生之榕垣〉（七古）。連雅棠，〈五月五日〉（五律）。連雅棠，〈寄沁園〉（七律）。連雅棠，〈葵花〉（七絕）。臺南連雅棠輯，〈臺灣詩乘（一二）〉。連雅棠，〈左傳索隱（三）〉。棠，〈花叢迴顧錄（三）〉。

《臺灣詩薈》第 20 號文友贈答：陳沁園，〈次韻答雅棠〉（七律）。

9 月

本月，受李金燦[42]邀約，攜子震東往遊大屯山，止宿於金燦甫落成之別墅大觀閣[43]，遍覽山中諸景，於《詩薈》第 22 號〈餘墨〉述其事，並撰〈大觀閣曉望〉七律詩一首。

15 日，《臺灣詩薈》第 21 號發行，並於《臺灣日日新報》刊登廣告。[44]

---

[38] 〈連雅棠先生題額勒石冷然善也〉，《臺灣日日新報》，1925.08.03，第 4 版。

[39] 連雅棠，〈寄魏君潤菴〉，《臺灣時報》第 70 期（1925.08.15），頁 167。

[40] 〈《臺灣詩薈》內容〉，《臺灣日日新報》，1925.08.17，第 4 版。

[41] 《臺灣詩薈》第 20 號（1925.08.15）。

[42] 李金燦主要經營藥種，開有蔘藥鋪，亦有酒場名為第一家。曾擔任太平町副會長，為瀛社詩人，經常贊助瀛社或相關詩學活動。

[43] 〈大屯山築大觀閣〉，《臺灣日日新報》，1925.03.02，第 4 版。又左五右十夢庵，〈屯山嚼雪支韻〉云：「大觀閣上雪花吹。齾齒何妨一嚼之。」（《臺灣日日新報》，1925.02.26，第 4 版）可見徵詩時大觀閣已竣工。

於《臺灣詩薈》第 21 號[45]發表作品：連雅棠，〈五月十三夜獨遊劍潭〉（七律）。連雅棠，〈鰲峯詩草序〉[46]。連雅棠，〈吳沙列傳臺灣通史〉。連雅棠，〈雍和宮記〉。

《臺灣詩薈》第 21 號文友贈答：莊怡華，〈題臺灣通史後即贈雅棠〉（五古）。雲滄[47]，〈尺牘 與雅堂〉。南溟，〈尺牘 與雅堂〉[48]。吹萬[49]，〈尺牘 復雅堂〉。石子[50]，〈尺牘 與雅堂〉。了厂[51]，〈尺牘 復雅堂〉。

20 日，下午 3 時，於東薈芳旗亭擔任婚禮司禮者。鷺洲庄陳火卑（商工畢業，負笈青島商科大學，以暑假歸省）與泰瑞會社理事李兆塘長女李蘭（靜修女校畢業）聯婚，高商教授寶田有氏為證婚人，舉行無聘金主義之婚禮。[52]

10 月

15 日，《臺灣詩薈》第 22 號發行。以養病擬停刊兩期，至次年（1926）1 月 15 日繼續發行。發行所移於臺北市大橋町 1 之 94 番地。[53]

---

44 〈《詩薈》內容紹介〉，《臺灣日日新報》，1925.09.18，第 4 版。
45 《臺灣詩薈》第 21 號（1925.09.15）。
46 「及余客稻江，基六適然戾止。相見甚歡，出所為《鰲峰詩草》相示，且請序。」
47 板橋王少濤。
48 「此弟〈聖符〉之作所由來也。仁兄以為何如。」胡南溟〈聖符內篇〉（一～三），連載於《臺灣詩薈》第 20-22 號。
49 金山高燮。
50 金山姚光。
51 漢陽盛魯。
52 〈陳李聯婚〉，《臺灣日日新報》，1925.09.10，夕刊第 4 版。
53 〈《詩薈》暫止發行〉，《臺灣日日新報》，1925.10.26，夕刊第 4 版。

於《臺灣詩薈》第 22 號[54]發表作品：雅棠，〈寶玉曲戊午〉（五古）。連雅棠，〈大觀閣曉望〉（七律）。連雅棠，〈跋赤嵌集〉[55]。棠，〈啜茗錄〉。臺南連雅棠輯，〈臺灣詩乘（一三）〉。

《臺灣詩薈》第 22 號文友贈答：劉得三，〈題雅棠大陸詩草〉（七律）。陳豁軒，〈感事寄雅棠時有遊鐵砧山之約〉（七律）。

◆26 日，於大遯山房為蘇生煌《漢藥研究錄》作序。

◆31 日，楊雲萍發表〈無題錄〉[56]向雅堂討教「詩必有韻」之主張。

11 月

1 日，午後 7 時，出席永樂座之孔道講會，主講「孔子歷史」。講會由臺北聖廟建設籌備處主辦，講題另有黃欣「曲阜什觀」、陳培根「建設聖廟之必要」、劉得三「說孝」、李種玉「倫理」、趙鴻藩「禮與仁為本」。聽眾不下二千人。[57]

8 日，午後 7 時，出席於慈聖宮舉辦孔道第二回宣講，主講「孔子之教育」。另有張希袞「講道」，陳廷植「論德」。[58]

22 日，午後 7 時，出席大稻埕慈聖宮舉行之孔道宣講會，主講「孔子之人格」。林述三開會詞，演講另有倪炳煌「道德與金

---

[54] 《臺灣詩薈》第 22 號（1925.10.15）。
[55] 孫元衡，〈赤崁集〉。
[56] 楊雲萍，〈無題錄〉，《人人》第 2 號（1925.10.31）。
[57] 〈孔道宣講會〉，《臺灣日日新報》，1925.11.03，夕刊第 4 版。
[58] 〈孔道第二回宣講〉，《臺灣日日新報》，1925.11.08，第 4 版。

錢」、林凌霜「聞道」、曹秋圃「聖訓之可寶」、杜冠文「說信」。
[59]

29 日，午後 7 時，出席龍山寺第五回孔道宣講會，主講「孔教
　之智仁勇」。吳昌才起述開會之辭，演講另有蔡宜甫「說廉」、
　黃純青「闕里[60]談」、歐陽朝煌「說孝」、林摶秋「孔子之聖經」、
　李惕欽講「道」。聽者五百餘人，婦女亦有數十人。[61]

12 月

因故未出席原訂 13 日午 7 時於孔教宣講會進行的演講。至年底
　亦未再作任何演說。[62]

---

[59]　〈孔道宣講之演題〉，《臺灣日日新報》，1925.11.21，夕刊第 4 版。
[60]　闕里，孔子的故居。
[61]　〈孔道宣講之盛況〉，《臺灣日日新報》，1925.12.03，夕刊第 4 版。
[62]　〈孔道宣講之演題〉，《臺灣日日新報》，1925.12.13，夕刊第 4 版、〈孔道
　　宣講之盛況〉，《臺灣日日新報》，1925.12.17，夕刊第 4 版。

昭和元年（1926），49 歲

1 月

10 日，午後 7 時，出席龍山寺開孔道宣講會，主講「孔子歷史」。聽者五百餘人，洪以南起述開會辭，繼則演講，講題另有李種玉「君子有三戒」、顏笏山「大勇」、林述三「勵志」、林凌霜「論自由之利害」，最後洪以南述閉會辭，9 時半散場。[1]

11 日，發表〈募建觀音山凌雲禪寺啟〉[2]，輯入《文集》。

18 日，午後 7 時，出席萬華祖師廟之第十二回孔道宣講會。吳昌才起述開會辭，次則演講，李種玉「德教」、雅堂「孔教之將來」、吳傳經「孔子大同之道」、顏笏山「孔子之平等主義」，最後倪炳煌述閉會辭，10 時而散。[3]

24 日，午後 7 時，出席市內建成茶行（隆記街）舉行之孔道宣講會。李種玉起述開會辭，次則演講，林凌霜「五倫之效果」、雅堂「何故建設聖命廟」、杜冠文「說忍」、葉鍊金「說仁」、林述三「三畏」，最後顏笏山述閉會辭，10 時而散。[4]

---

[1] 〈淡水之孔道會〉，《臺灣日日新報》，1926.01.09，夕刊第 4 版。〈淡水之宣講會〉，《臺灣日日新報》，1926.01.13，夕刊第 4 版。

[2] 連雅堂，〈募建觀音山凌雲禪寺啟〉，《臺灣日日新報》，1926.01.11，第 4 版。

[3] 〈萬華宣講孔道〉，《臺灣日日新報》，1926.01.21，夕刊第 4 版。

[4] 〈宣講團之盛況〉，《臺灣日日新報》，1926.01.28，夕刊第 4 版。

31 日，午後 7 時，出席萬華龍山寺開第 14 回孔道宣講會。吳
　　昌才起述開會辭，次則演講，林搏秋「孔子軼事」、陳澄秋「過
　　則勿憚改」、林寧桑「利之誤人多」、雅堂「入世法與出世法」、
　　林述三「戀愛何謂神聖」、吳傳經「孔教第一要義」，最後顏
　　笏山述閉會辭，10 時散場。[5]

2 月

27 日，林本源嵩記主人林嵩壽，於事務所主辦燈謎會，並邀劉
　　育英、雅堂、張純甫、鄭天鑒等人主持此會。[6]

3 月

◆子震東畢業於日本慶應義塾大學經濟學部預科，升入本科。

4 月

30 日，新竹州大溪郡大溪街協議員吳煥文邀請孔道宣講團至該
　　街演講。眾人先由臺北乘急行列車至桃園，轉乘自動車赴大
　　溪街，暫入旅館。午後 2 時，於大溪公學校講堂集四年級以
　　上學生聽講，先由該校教諭代理校長訓詞，次街長江健臣起
　　述開會辭，次則李種玉講「孔子之教育順序」、林凌霜「至聖
　　世系」、顏笏山「孔子之個性教育」。夜 7 時仍在同講堂開講，
　　先由江街長述辭開會，次則雅堂講「孔子之智仁勇」、李種玉

---

[5]　〈萬華宣傳孔道〉，《臺灣日日新報》，1926.02.03，夕刊第 4 版。
[6]　〈元宵燈謎〉，《臺灣日日新報》，1926.02.25，第 4 版。

「道德與藝能之比較」、顏笏山「無所禱」、林凌霜「孔子教之四德」，11 時散會。[7]

5 月

5 日，出席故櫟社社長蔡啟運歿後十五週年紀念會。該會由鄭家珍、曾吉甫、鄭養齋、王友竹、鄭十洲、林榮初、簡若川、魏潤庵、羅秀惠、連雅堂、林獻堂、王了庵、黃爾旋、陳豁軒、陳懷澄、莊伯容、趙雲石、陳基六、鄭邦吉等人發起，場所為蔡氏哲嗣蔡汝修宅邸。[8]

16 日，出席臺北聖廟建設籌備處之董事會。李聲元任議長，常務雅堂報告工事經過及收支狀況，並討論議案。[9]

19 日，臺北聖廟建築籌備處第一期課題徵文，「孔教為東洋文化之源應如何復興策」揭曉，計收 189 卷，由文宗鄭家珍、李種玉、雅堂分選，合計正取 20 名，備取 10 名。[10]

23 日，葉鍊金、張家坤題贈送別。葉鍊金〈送雅堂先生之西湖〉[11]、張家坤〈送雅堂先生之西湖〉[12]。

---

[7] 〈大溪延聘孔道宣講〉，《臺灣日日新報》，1926.04.29，第 4 版。〈大溪宣講孔道〉，《臺灣日日新報》，1926.05.04，夕刊第 4 版。

[8] 〈故蔡啓運翁記念會〉，《臺灣日日新報》，1926.05.03，第 4 版。

[9] 〈建築進行中之聖廟董事會〉，《臺灣日日新報》，1926.05.20，第 4 版。

[10] 〈聖廟徵文揭曉〉，《臺灣日日新報》，1926.05.19，第 4 版。

[11] 葉鍊金，〈送雅堂先生之西湖〉，《臺灣日日新報》，1926.05.23，夕刊第 4 版。

[12] 張家坤，〈送雅堂先生之西湖〉，《臺灣日日新報》，1926.05.23，夕刊第 4 版。

24 日，自基隆港搭船，偕夫人、女兒同往滬上。「**自去年來便
將家宅讓渡、書冊割愛於同好。近日對岸戰雲平靜，乃決定
西渡。**」[13]以瑪瑙山莊為居所。

6 月

13 日，顏龍光題贈〈送雅堂先生之西湖〉[14]。

15 日，去信《臺灣日日新報》社，言已抵杭州，租屋湖濱。其
行程大約為 5 月 24 日乘舟、25 日至閩，28 日至滬，30 日入
杭。[15]

15 日，陳貫題贈〈贈別劍花〉[16]。

本年

夏，移居杭州西湖，將《大陸詩草》以後陸續吟詠的詩篇重新
整理，得 265 首，編成「寧南詩草」。

[13] 〈雅堂氏　挈眷西渡〉，《臺灣日日新報》，1926.05.24，夕刊第 4 版。
[14] 顏龍光，〈送雅堂先生之西湖〉，《臺灣日日新報》，1926.06.13，第 4 版。
[15] 〈墨瀋餘潤〉，《臺灣日日新報》，1926.06.15，夕刊第 4 版。
[16] 陳豁軒，〈贈別劍花〉，《臺灣日日新報》，1926.06.15，第 4 版。

昭和二年（1927），50 歲

1 月

中旬，由西湖畔之瑪瑙寺移居滬上，與舊友重逢。並有歸臺之意，日期未定。[1]

◆章炳麟為《臺灣通史》作序。[2]

2 月

自上海返臺北。

26 日，午後 6 時，南友會開例會於江山樓，兼為雅堂洗塵；林鷲洲值東。[3]

3 月

1 日，下午 4 時，江山樓舉辦瀛社春季吟會，兼歡迎林小眉、林希莊、蘇大山、沈傲樵、雅堂。與會者有洪以南、謝汝銓、魏潤庵、李石鯨、張純甫、林述三、倪炳煌、高肇藩、

1　〈無腔笛〉，《臺灣日日新報》，1927.01.14，夕刊第 4 版。
2　章炳麟，《臺灣通史·章序》（臺北：臺灣銀行經濟研究室，1962），頁 5-6。
3　〈南友會例會〉，《臺灣日日新報》，1927.02.26，夕刊第 4 版。

李金燦、歐劍窗、許劍亭，日人伊藤壺溪、尾崎白水、豬口鳳庵。[4]

21 日，下午 1 時，上山蔗庵（滿之進）總督趁全島詩人聯合大會之機，於東門官邸招待集合於北之全島詩人，開聯吟會，稱「東閣雅集」，出席者約二百二十名。[5]

詩人入席先領取上山總督之七律，作和韻，其次各拈一字為韻，賦絕句一首。全數交稿後，3 時半出庭前合照，後於大廳立食，上山總督致詞，次洪以南為代表述謝辭。歡飲至 4 時 20 分而退。山上總督並贈以《移山書屋吟箋》各一函。出席者有生野交通總長、渡邊參謀長、諸敕任高官、各報社記者，日籍漢詩人有小松吉久、伊藤賢道、鷹取岳陽、尾崎秀真、豬口鳳庵、山口透等。

22 日，午後 2 時，全島詩人聯合大會後之北部聯吟會，於江山樓召開全島詩人懇親會，招待中南各地出席吟友，賓主二百餘人。先由聯吟會代表洪以南述開會辭，次推雅堂、葉文樞為首唱五律詞宗，鄭坤五、邱筱園為次唱七絕詞宗。作品交付評審後開席，趙雲石代表中南部來賓、日人代表小松天籟，互訴祝詞。至 12 時散會。[6]

---

[4] 〈瀛社春季吟會兼歡迎蘇沈兩詩人〉，《臺灣日日新報》，1927.03.03，夕刊第 4 版。

[5] 〈蔗菴督憲訂廿一日午後一時招宴詩人於官邸〉，《臺灣日日新報》，1927.03.19，第 4 版。〈東門總督官邸招待全島詩人　乘聯合大會機會得二百餘名出席盛況〉，《臺灣日日新報》，1927.03.22，第 4 版。

[6] 〈全島詩人懇親會　賓主計二百餘名〉，《臺灣日日新報》，1927.03.24，夕刊第 4 版。

28 日，發表〈東閣雅集席上敬攀蔗庵督憲瑤韵〉[7]。

4 月

9-10 日，晚間 8 時，萬華龍山寺於日新町稅務出張所舉辦佛教演講會。原訂講者林覺力禪師因赴南部，乃託雅堂演講「觀音菩提歷史」。會後，雅堂又於萬華龍山寺內演講一星期。[8]

18 日，發表〈東閣雅集分韵得青字同奇字〉[9]。

19 日，發表〈本忠和尚六十壽辰歸國傳戒賦此寄祝〉[10]。

20 日，出席海山郡中和庄翠竹林福和宮住職晉院式及無量壽大法會。[11]

中旬，全島擊缽吟會〈落絮五律庚韵〉作品公布，左右詞宗雅堂葉文樞。[12]

6 月

上旬，臺灣阿彌陀佛會籌辦《亞光月報》，雅堂為其擬聘的編輯主任，7 月中發行。[13]

---

[7]　雅堂連橫，〈東閣雅集席上敬攀蔗庵督憲瑤韵〉，《臺灣日日新報》，1927.03.28，第 4 版。

[8]　〈佛教講演續報〉，《臺灣日日新報》，1927.04.10，第 4 版。

[9]　雅堂連橫，〈東閣雅集分韵得青字同奇字〉，《臺灣日日新報》，1927.04.18，第 4 版。

[10]　雅堂，〈本忠和尚六十壽辰歸國傳戒賦此寄祝〉，《臺南新報》，1927.04.19，第 6 版。

[11]　〈福和宮住職晉院式竝開無量壽會〉，《臺灣日日新報》，1927.04.24，第 4 版。

[12]　全島擊缽吟會　左右詞宗雅堂葉文樞，〈落絮五律庚韵〉，《臺灣日日新報》，1927.04.11，第 4 版。

中旬，雅堂書局開幕。址設於臺北市太平町。[14]

26 日，《亞光報》徵文「人心維危論」，期限至 7 月 16 日，左詞宗雅堂右詞宗林述三，交卷處臺北市萬華龍山寺羅妙吉。[15]

《亞光報》由羅妙吉組織發起亞光報社；發行特刊以宣傳道德為核心目的，並偕該寺講師曾真常、呂大椿、劉達玄等巡迴全臺演講。

報社設置於大湖郡法雲寺，暫以萬華龍山寺為發行事務所。[16]

7 月

11 日，為宣傳雅堂書局，徵求詩鐘以為開張紀念，題目「雅堂書局」，碎錦格，期限至本月 31 日，交卷處臺北市太平町三丁目雅堂書局，佳者贈送該局出版書籍。[17]

15 日，雅堂書局正式開業，為雅堂與黃春成合設，原擬 10 日開張，因目錄包紙印刷不及，展期至 15 日。[18]

21 日，進貨杭州舒蓮記雅扇數十式，並於《臺灣日日新報》登載宣傳。[19]

[13] 〈大湖法雲寺 籌刊亞光月報〉，《臺灣日日新報》，1927.06.09，夕刊第 4 版。
[14] 〈雅堂書局將出〉，《臺灣日日新報》，1927.06.04，夕刊第 4 版。
[15] 〈翰墨因緣〉，《臺灣日日新報》，1927.06.26，夕刊第 4 版。
[16] 〈亞光報組織就緒〉，《臺灣日日新報》，1927.07.21，第 4 版。
[17] 〈雅堂書局徵詩〉，《臺灣日日新報》，1927.07.11，第 4 版。
[18] 〈雅堂書開矣〉，《臺灣日日新報》，1927.07.06，夕刊第 4 版。又林文月《青山青史——連雅堂傳》指出，店址於太平町三丁目二二七番地（今延平北路三段功學社對面），雅堂與黃潘萬各出資二千元資本。雅堂擔任書局全盤統監之責，潘萬負責理財兼文牘工作。另又聘請張維賢管理對外聯絡及協理局務。頁 221-222。

24 日，下午 6 時，南友會於江山樓開例會，雅堂值東。[20]

8 月

9 日，雅堂書局徵求詩鐘「雅堂書局」（雅堂評選），公布入選之二十名。[21]

23 日，《亞光報》第一期徵文發表，雅堂因忙碌，由林述三評定十四名。[22]

27 日，夜 7 時，出席艋舺共勵會舉辦於龍山寺的通俗演講會，主講「孟子社會政策」，講者另有河瀨牛四郎（臺北第二中學校校長）、蔡式穀、陳炘（美國哥倫比亞大學經濟學博士）。[23]

9 月

19 日，大龍峒和華樂社於稻江慈聖宮開臺，觀者約萬人。會上痛詆歌仔戲，乃議改良，擬託雅堂修正劇本。[24]

10 月

3 日，櫟社詩人於臺中吳子瑜之東山別墅，為張麗俊、林耀亭、雅堂、呂蘊白開壽椿會，並討論社務、擊鉢吟詩，至中宵始

[19]　〈雅堂書局雅扇〉，《臺灣日日新報》，1927.07.21，夕刊第 4 版。

[20]　〈南友會例會〉，《臺灣日日新報》，1927.07.23，夕刊第 4 版。

[21]　〈翰墨因緣〉，《臺灣日日新報》，1927.08.09，第 4 版。

[22]　〈亞光報徵文發表〉，《臺灣日日新報》，1927.08.23，第 4 版。

[23]　〈共勵會主催講演口琴兩會〉，《臺灣日日新報》，1927.08.26，第 4 版。〈萬華共勵會講演會〉，《臺灣日日新報》，1927.08.28，夕刊第 2 版。

[24]　〈和華樂社開臺〉，《臺灣日日新報》，1927.09.25，夕刊第 4 版。

罷。與會者有傅錫祺、陳聯玉、張玉書、林載昭、陳沁園、莊伊若、鄭汝南、張棟樑、蔡子昭、吳子瑜、王了庵,及壽星林耀亭、張麗俊;雅堂、呂蘊白因病未與會。[25]

30 日,岱江吟社第一期徵詩,詩題「國姓魚」,詩體七絕庚韻,詞宗雅堂,交卷東石郡布袋庄布袋岱江吟社事務所蔡如生,期限至 11 月底。[26]

30 日,雅堂書局到貨《欽訂三希堂法帖》,於《臺灣日日新報》刊登宣傳。每部 36 本,分裝六函,定價二十金。書局為酬客起見,特售十五圓,期限至 11 月底。[27]

11 月

6 日,午後 3 時,南友會於太平町雅堂書局開茶話會,磋商會務。[28]

7 日,午後 7 時,孔道宣講團於太平町開演講會。陳培根起述開會詞,次則演講,歐陽朝熄「朋友有信」、林凌霜「孔子歷史」、陳澄秋「古者言之不出」、雅堂「讀書與人格」、周鍾華「存心」、林暘谷「上智與下愚不移」、顏笏山「無好小勇」,後林述三述閉會詞而散。[29]

9 日,午後 7 時,孔道宣講團於太平町春風得意樓開演講會,陳培根起述開會詞,次則演講,張希袞「背道者亡」、林述三

---

[25] 〈東山兩會誌盛　兩日四十二人〉,《臺灣日日新報》,1927.10.08,第 4 版。
[26] 〈翰墨因緣〉,《臺灣日日新報》,1927.10.30,夕刊第 4 版。
[27] 〈三希堂帖發售〉,《臺灣日日新報》,1927.10.30,夕刊第 4 版。
[28] 〈南友會茶會〉,《臺灣日日新報》,1927.11.06,夕刊第 4 版。
[29] 〈孔道宣講續報〉,《臺灣日日新報》,1927.11.09,夕刊第 4 版。

「有恆產者有恆心」、周鍾華「法久必弊，道積彌光」、雅堂「春秋之民族精神」、曹秋圃「我之範圍」、杜冠文「人無信不立」、蔡宜甫「謹言」、林凌霜「驕傲伏失敗之機」並閉會詞而散。[30]

10 日夜，孔道宣講團於太平町春風得意樓續講孔道。蔡宜甫起述開會詞，次則演講，周鍾華「不忮不求」、李悌欽「君子之交重信義」、林凌霜「孝之感想」、張家槐「事之利害」、雅堂「孔子之人生觀」、歐劍窗「自由平等」、林述三「吾道一以貫之」、劉得三「讓」，後林凌霜述閉會詞散會。[31]

11 日，午後 7 時，孔道宣講團演講會，林凌霜起述開會詞，次則演講，李種玉「告往知來」、林述三「吾道一以貫之（續）」、周鍾華「天將以夫子為木鐸」、雅堂「人之初」、林凌霜「自由要守道德範圍」、蔡宜甫「不因人而熱」、歐劍窗「聽演講之知味」，後閉會。[32]

12 日，午後 6 時，南友會於江山樓開例會，值東為雅堂、顏天生。[33]

24 日至 12 月 23 日，雅堂書局舉辦冬季特賣，古今圖書原價九折，新舊小說原價八折。[34]

---

[30] 〈孔道宣講團為二週年紀念于太平町續行講演〉，《臺灣日日新報》，1927.11.12，夕刊第 4 版。

[31] 〈孔道宣講團　續行講演〉，《臺灣日日新報》，1927.11.13，夕刊第 4 版。

[32] 〈孔道宣講團　續行講演〉，《臺灣日日新報》，1927.11.13，夕刊第 4 版。

[33] 〈南友會例會〉，《臺灣日日新報》，1927.11.12，夕刊第 4 版。

[34] 〈書局冬季大賣〉，《臺灣日日新報》，1927.11.28，夕刊第 4 版。

12 月

北京女子師範大學美術專門學校中國畫教授王亞南於應邀來臺，
　　於臺北、臺中、屏東等地舉辦個人畫展，隔年 5 月返中。[35]期
　　間與雅堂等臺灣文人結識。

8 日，布袋岱江吟社第一期課題徵詩「國姓魚」，得詩 350 首，
　　交雅堂評選。[36]

19 日，發表〈李君金燦令媛清磐女士卜吉于歸賦此以賀〉[37]。《詩
　　集》未收。

27 日，布袋岱江吟社第一期徵詩，雅堂評選四十名，並公布前
　　二十名。[38]

---

[35] 〈王亞南畫伯開個人展十五十六兩日間在本社三階〉，《臺灣日日新報》，
　　1927.12.15，夕刊第 4 版。〈王亞南氏畫展〉，《臺灣日日新報》，1928.02.12，
　　第 4 版。〈王亞南氏畫展　開于屏東〉，《臺灣日日新報》，1928.02.25，夕
　　刊第 4 版。王亞南，〈留別臺北諸大方家暨諸大吟壇〉，《臺灣日日新報》，
　　1928.05.22，第 4 版。

[36] 〈翰墨因緣〉，《臺灣日日新報》，1927.12.08，夕刊第 4 版。

[37] 連雅棠，〈李君金燦令媛清磐女士卜吉于歸賦此以賀〉：「百兩盈門爛若霞，
　　桃夭灼灼詠宜家。春風及第歸來日，開遍璇閨垃蒂花。」《臺灣日日新報》，
　　1927.12.19，第 4 版。

[38] 〈翰墨因緣〉，《臺灣日日新報》，1927.12.27，夕刊第 4 版。

昭和三年（1928），51 歲

5 月

4 日，臺北中華會館依「全島華僑大會」決議案，籌設「株式會社臺灣中華新報社」，並在臺北舉辦創立大會。[1]

6 月

中旬，《臺灣中華新報》創刊，任主筆。該報由臺灣中華總會館附屬之中華新報社所創，社長高鴻銘，專務陳卿濟、常務柯炳祥、主筆雅堂，記者林夢梅、歐劍窗，營業黃麗生。每週發行一回。[2]

17 日，發表〈夏柳〉[3]。

◆22 日起至 7 月 2 日，雅堂書局舉行「夏季大賣」。

7 月

1 日，《中華新報》於廈門發行創刊號，後遭總督府以〈臺灣新聞紙令〉禁止輸入。[4]

---

[1] 〈臺灣華僑籌設《中華新報》 開創立總會〉，《臺灣日日新報》，1928.05.05，第 4 版。

[2] 〈臺灣《中華新報》決定創刊〉，《臺灣日日新報》，1928.06.17，第 4 版。

[3] 雅堂，〈夏柳〉，《臺灣日日新報》，1928.06.17，第 4 版。

10 月

雅堂書局以營業日進，將移於附近空間較大店面。11 日起自本
月底，舉行特別廉賣。[5]

11 月

上旬，以本島漢文雖漸復興，但有志之士苦無師承、未得融通
意義，乃籌組「漢文研究會」，募集會員，訂於本月 12 日開
會。[6]

10 日，夜 6 時半，艋舺共勵會於俱樂部舉行例會與（昭和天皇）
即位祝宴，並開演講會，講者林履信、雅堂。[7]

◆10 日，《昭和新報》發刊[8]。該報由謝汝銓主筆，辜顯榮、顏
國年、許丙、林熊徵等為大股東，言論頗附和殖民政府。雅
堂乃於 18 日發表〈質昭和新報：何謂統治根本？何謂思想善
導？〉載《臺灣民報》。輯於《雅堂先生集外集》。

◆25 日，雅堂於《臺灣民報》發表〈思想惡導：聘金限制論〉，
以駁斥《昭和新報》之〈聘金限制論〉：「**該報而果有思想善**

4　參〈臺灣《中華新報》決定創刊〉，《臺灣日日新報》，1928.06.17，第 4 版。
〈中華新報初刊禁止〉，《臺灣日日新報》，1928.07.08，第 4 版。〈《中華新
報》發行　督府告示禁入本島〉，《臺灣日日新報》，1928.08.12，第 4 版。

5　〈雅堂書局移轉〉，《臺灣日日新報》，1928.10.15，第 4 版。

6　〈漢文研究會〉，《臺灣日日新報》，1928.11.06，夕刊第 4 版。

7　〈艋舺共勵講演〉，《臺灣日日新報》，1928.11.10，第 6 版。

8　按：《年譜》指本報為純漢文雜誌，然臺大圖書館館藏説明：「本報據昭和
4 年至昭和 12 年 12 月原報紙攝製，內容為日文。」另，〈嗚呼哀哉昭和新
報〉，《臺灣新民報》，1930.05.24，第 02 版。每期刊物內容非純漢文。

導之學識與精神，則當簡直而論曰聘金廢止，或進一步而大
呼曰：『婚姻自由』。」輯於《雅堂先生集外集》。

12 月

3 日、6 日、8 日，《臺灣日日新報》專欄詩壇徵〈赤雁先韻〉，
左鄭養齋、右葉連三氏評選，依序獲左二右四[9]，獲左十一[10]，
右十五左四四[11]，《詩集》未收。

◆6 日，《新高新報》揭載雅堂之〈思想與性別之分〉，為駁斥
《昭和新報》之〈論思想善導〉，輯於《雅堂先生集外集》。

◆9 日，《臺灣民報》揭載雅堂之〈思想解放論〉，輯於《雅堂
先生集外集》。

◆16 日，《臺灣民報》揭載雅堂之〈思想自由論〉，輯於《雅堂
先生集外集》。

◆23 日，《臺灣民報》揭載雅堂之〈思想創造論〉，輯於《雅堂
先生集外集》。

9　〈赤雁先韻〉：「朱鳳來儀紀舜年，更聞赤雁漢時傳。楮沙落後聲啼月，紫
　　塞高飛色染煙。丹嘴唧蘆過楚水，紅翎映日度遼天。伏符原是金刀瑞，陽
　　鳥翱翔入御筵。」，《臺灣日日新報》，1928.12.03，第 8 版。
10　〈赤雁先韻〉：「萬里飛來東海邊，丹翎紅翩映秋天。唧蘆上下過丹塞，繫
　　帛縱橫破碧煙。渚水一泓霞掩映，夕陽辨案影翻躚。漢家瑞事傳千古，合
　　與流烏紀盛年。」，《臺灣日日新報》，1928.12.06，第 8 版。
11　〈赤雁先韻〉：「彩鳳流烏世久傳，更聞東海入詩篇。伏符有瑞歌陽鳥，章
　　緻成行染暮煙。萬里丹書來紫塞，三秋紅字寫青天，唧蘆更向彤庭去，遙
　　映流霞夕照邊。」，《臺灣日日新報》，1928.12.08，第 8 版。

本年

◆秋，雅堂書局職員張維賢，辭職欲往日本留學，研究戲劇。
臨行，雅堂特以所藏的光、宣版《無政府主義》一書相贈，
做為短期共事的紀念。

昭和四年（1929），52 歲

1 月

1 日，發表〈思想統一論〉[1]。

13 日，臺中小隱，〈思想果能統一乎〉[2]。

15 日，發表〈甲科警察語學講習資料　思想解放〉[3]。

20 日，發表〈答小隱（思想果能統一乎）〉[4]。

2 月

10 日，發表〈與嘉義人士書論籌建孔廟〉[5]，《文集》未收。「比閱報紙，始悉貴地籌建孔廟，募款十萬，將以發揚文教。甚善甚善。……諸君子誠重孔子、愛孔子，不如以建廟之款，組織學會，集全臺有志之士，研究孔子之道。……即別建一廟，亦不過春秋釋奠而已。夫以十萬之款，大興土木，而僅為春秋釋奠，非所以昌大孔子之道也。誠欲昌大孔子之道，必須闡明學說，盱衡時局，洞察人群，擇其善者而從之，其

1　雅棠，〈思想統一論〉，《臺灣民報》，1929.01.01，第 10 版。

2　臺中小隱，〈思想果能統一乎〉，《臺灣民報》，1929.01.13，第 5 版。

3　雅堂，〈甲科警察語學講習資料　思想解放〉，《語苑》22 卷 1 期（1929.01.15），頁 72-77。

4　雅棠，〈答小隱（思想果能統一乎）〉，《臺灣民報》，1929.01.20，第 4 版。

5　雅棠，〈與嘉義人士書論籌建孔廟〉，《臺灣民報》，1929.02.10，第 4 版。

不善者而改之。而孔子時中之道,始足發揚於世上。諸君子
以為何如?」

24 日,小隱,〈「關於思想統一問題」　問題瘦儂〉[6]。

3 月

3 日,發表〈臺灣博覽會之怪物　將宣傳文化乎　抑表示野蠻
乎〉[7],《文集》未收。「臺灣博覽會以本月一日開於東京國技
館。觀其旨趣,固將紹介臺灣之文化,而寔欲以殖民地之野
蠻現之世上,以見臺灣人之智識淺陋也。夫范謝二偶像,鬼
卒也,圖騰社會之怪物也。文明之世,已不容存,而臺北人
士乃附會之,鋪張之,假藉之,以為獨一無二之光彩。而當
局亦知臺人之心理,附會之,鋪張之,假藉之,更迎之博覽
會中,以為臺灣之化。嗚呼!臺灣之文化如此,亦見臺灣之
野蠻爾。哀哉!」

4 月

15 日,發表〈甲科警察語學講習資料　思想自由〉[8]。

6　小隱,〈「關於思想統一問題」　問題瘦儂〉,《臺灣民報》,1929.02.24,第
　8 版。
7　雅棠,〈臺灣博覽會之怪物〉,《臺灣民報》,1929.03.03,第 5 版。
8　雅堂,〈甲科警察語學講習資料　思想自由〉,《語苑》22 卷 4 期
　(1929.04.15),頁 61-67。

5 月

◆20 日，蔡惠如以腦溢血病卒於臺北，乃作〈蔡惠如哀詞〉、〈蔡惠如氏輓聯〉。

23 日，蘇菱槎題贈〈用瘦民韻贈雅棠〉[9]。

26 日，發表〈蔡惠如氏輓聯〉：「是文字交，是道義友，廿五載患難相扶，落落塵寰君及我。與環境戰，與命運爭，四百萬沉淪未度，茫茫苦海死猶生。」〈蔡惠如哀辭〉：「嗚呼！惠如死矣。惠如之死，出余意外。故余視其病，潸然流淚。及見其逝，放聲大哭。至今思之，猶有無窮之慟也。……臺中為余第二之故鄉，又多友侶之周旋，居之甚樂。乃十數年來，一哭癡仙，再哭悔之，今又哭惠如。故舊凋零，思之悽咽。……雖然惠如死矣，而尚有不死者在。余將綜其平生，書之簡策，以待來許，則惠如可以不死，而今竟死矣。哀哉！」[10]

◆子震東自日本慶應大學經濟學部畢業，返臺協助雅堂書局事務。

6 月

4 日，大甲郡梧棲街大庄浩天宮，以去年重新改築，向島內文人徵求聯文，由雅堂評選出十名，公布於報紙。[11]

---

9 蘇菱槎，〈用瘦民韻贈雅棠〉，《臺灣日日新報》，1929.05.23，第 4 版。

10 連雅棠，〈蔡惠如氏輓聯〉、〈蔡惠如哀辭〉，《臺灣民報》，1929.05.26，第 3 版。

11 〈翰墨因緣　大甲郡梧棲街大庄浩天宮〉，《臺灣日日新報》，1929.06.04，夕刊第 4 版。

下旬，臺北市如水社學術時事研究部，謀設夏季大學於同社俱
樂部內，講師預定林履信、蔡式穀、雅堂，其他科目講師未
定。[12]

7 月

22 日，臺北如水社籌辦之夏季夜間大學開始上課，為期三週，
每日午後 6 時半至 9 時半，請聘林履信、蔡式穀、雅堂等人
擔任講師，各就其專長講授社會學、文學、社會事業等講題。
其中，雅堂講授「文學」。[13]

25 日，午後 7 時，如水社夏季大學於該社講堂舉辦開校式。聽
講者已達定員，計有五十餘名。會上有委員陳紹裘、蔡式穀、
林履信各述感想，次則雅堂講臺灣歷史，至 9 時半告畢。[14]

8 月

下旬，如水社擬再籌辦漢學研究會，主旨在啟發漢學、兼習中
華普通語（官話），預計三個月，每夜 7 時至 10 時。漢學講
師內定為雅堂，普通語講師傅金霖。現正由該部主任林履信
籌備中。[15]

---

[12]　〈臺北如水社謀設夏季大學〉，《臺灣日日新報》，1929.06.24，第 8 版。
[13]　〈如水社開辦　夏季大學　豫定期間三週間〉，《臺灣民報》，1929.07.14，第 3 版。
[14]　〈如水夏季大學　開校式〉，《臺灣日日新報》，1929.07.28，夕刊第 4 版。
[15]　〈如水社籌設　漢學研究會〉，《臺灣日日新報》，1929.08.30，夕刊第 4 版。

15 日，發表〈甲科警察語學講習資料　食飯的問題〉[16]。

9 月

10 日，雅堂書局預定再開第二回漢文研究會，時間為每日午後
7 時至 9 時。[17]

11 日，天籟吟社第五期課題「穎考叔」，由雅堂選定，公布入選
之二十名。[18]

15 日，發表〈甲科警察語學講習資料　食飯的問題〉[19]。

10 月

15 日，發表〈甲科警察語學講習資料　食飯的問題〉[20]。

11 月

15 日至 12 月 15 日，為貢獻讀書家，雅堂書局舉辦冬季大賣會，
除英文書外，新舊圖書原價八折。並於《臺灣日日新報》、《臺
灣民報》宣傳。[21]

---

[16] 雅堂先生口述，〈甲科警察語學講習資料　食飯的問題〉，《語苑》22 卷 8
期（1929.08.15），頁 37-39。

[17] 「爰訂本月十日。再開第二回。」〈漢文研究會再開〉，《臺灣日日新報》，
1929.09.05，第 4 版。

[18] 〈翰墨因緣　天籟吟社去三日所發表之課題中〉，《臺灣日日新報》，
1929.09.11，第 4 版。

[19] 雅堂先生口述，〈甲科警察語學講習資料　食飯的問題〉，《語苑》22 卷 9
期（1929.09.15），頁 35-39。

[20] 雅堂先生口述，〈甲科警察語學講習資料　食飯的問題〉，《語苑》22 卷 10
期（1929.10.15），頁 32-33。

15 日，發表〈甲科警察語學講習資料　食飯的問題〉[22]。

24 日，發表〈臺語整理之頭緒〉[23]，收入《雅堂先生集外集》，改為〈臺語考釋　序一〉。

12 月

1 日，發表〈臺語整理之責任〉[24]，收入《雅堂先生集外集》，改為〈臺語考釋　序二〉。

15 日，發表〈甲科警察語學講習資料　食飯的問題〉[25]。

◆月底，黃潘萬提議，以開支過大無好轉之可能，結束雅堂書局。書局結束後，於臺北橋附近賃一樓房廉售存書，後又以餘書委託臺南興文齋、崇文齋、浩然堂、西山書局等書店代售。

◆停辦雅堂書局。開始寫作「臺灣語典」[26]。

---

[21] 〈讀書之時到矣〉，《臺灣日日新報》，1929.11.15，第 4 版。〈雅堂書局大賣〉，《臺灣民報》，1929.11.17，第 6 版。

[22] 雅堂先生口述，〈甲科警察語學講習資料　食飯的問題〉，《語苑》22 卷 11 期（1929.11.15），頁 34-37。

[23] 雅堂，〈臺語整理之頭緒〉，《臺灣民報》，1929.11.24，第 8 版。

[24] 雅堂，〈臺語整理之責任〉，《臺灣民報》，1929.12.01，第 8 版。

[25] 雅堂先生口述，〈甲科警察語學講習資料　食飯的問題〉，《語苑》22 卷 12 期（1929.12.15），頁 33-36。

[26] 按：林文月《青山青史——連雅堂傳》指出，雅堂自 1930 年夏天起心動念撰寫「臺灣語典」，後於發刊之《三六九小報》「臺灣語講座」專欄，每回刊載三、五條，並於一年後編成《臺灣語典》四卷。頁 233-234。惟「臺灣語講座」專欄，自 1931 年開始連載。

昭和五年（1930），53歲

1月

1日，發表〈觀世音考證〉[1]，指謬臺灣民間佛教信仰之淆亂。「臺灣今日之佛教，非佛教也。臺灣今日之觀世音，非佛教之觀世音也。……而世之奉祀之者，乃與九天女、玄天上聖母同其品格，寧不可笑。顧此非祭祀者之罪，而妖言惑眾者之罪，而先天派援佛入道者之罪也。夫先天一派為白蓮八卦之支流，祕密結社，以事傳播，外籍佛教之名，內收道教之用。……然而齋門修士，從而附會。愚夫愚婦，信以為真。臺灣人宗教智識之淺陋，一至於此，寧不為之太息也哉。不慧既闢其謬，爰舉佛藏中所載觀世音之言行，錄之於後，以明佛教之真理焉（此篇為發端之辭，以下例舉佛經，因慮紙面有限，故畧之。作者附志）」

◆5日，午後，歐美同學會（留學歐美之學生，成立於1928年）於臺北蓬萊閣開第四次例會，雅堂以來賓身份參加，並致來賓辭。[2]

15日，發表〈甲科警察語學講習資料　食飯的問題〉[3]。

---

[1] 雅堂，〈觀世音考證〉，《臺灣民報》，1930.01.01，第7版。

[2] 〈歐美同學會在臺北開例會　決議創刊雜誌〉，《臺灣民報》，1930.01.11，第3版。

[3] 雅堂先生口述，〈甲科警察語學講習資料　食飯的問題〉，《語苑》23卷1期（1930.01.15），頁37-40。

26 日，曹秋圃入選戊辰書道會，澹盧書會同人為謀紀念，擬辦
頒布會以應同好，並郵寄書單，由委市內京町一丁目石井誠
堂、太平町三丁目雅堂書局二處代為收發。[4]

◆31 日，與林柏壽、莊怡華偕訪魏清德。

2 月

18 日，莊怡華、魏潤庵題贈，為 1 月 31 日與林柏壽、莊怡華
偕訪魏清德之事。莊怡華〈正月二日季丞招余同雅堂訪潤庵
新店即事賦呈〉[5]；魏潤庵〈次韻酬民先生竝似季丞劍花諸
君子〉[6]。

3 月

2 日，於《臺灣日日新報》就〈臺灣鴉片菸特許問題〉一文發
表〈附台灣通史著者連雅堂氏　對於此回問題。致本社意見
書一篇如左〉[7]，《文集》未收。此文言論，導致全臺文人攻
訐；林獻堂因此不便聘請連震東入《臺灣民報》社。

---

[4]　〈書道頒布會　曹秋圃氏作品〉，《臺灣日日新報》，1930.01.26，夕刊第 4
版。

[5]　莊怡華，〈正月二日季丞招余同雅堂訪潤庵新店即事賦呈〉，《臺灣日日新
報》，1930.02.18，第 4 版。

[6]　魏潤庵，〈次韻酬民先生竝似季丞劍花諸君子〉，《臺灣日日新報》，
1930.02.18，第 4 版。

[7]　〈附臺灣通史著者雅堂氏　對於此回問題。致本社意見書一篇如左〉：「臺
灣阿片問題，此月以來，議論沸騰。……臺灣阿片不禁自禁，豈非持平之
道哉。」，《臺灣日日新報》，1930.03.02，第 4 版。

◆13 日，櫟社於霧峰開理事會，決議以雅堂三次未出席總會，
　應予退社，並交總會決議。

4 月

◆2 日，櫟社於霧峰開春季總會，通過八年不出席者視為退社，
　將雅堂除名。理事會以「三次」為度，總會改以「八年」為
　度。

5 月

◆子震東入《昭和新報》為記者。

6 月

15 日，發表〈墨子·棄姓說〉[8]。

24 日，張純甫發表〈墨子非墨家之祖說〉[9]，遂開始與張氏論戰。

7 月

12 日起，臺北大稻埕「如水社」舉辦之夏季夜間大學開始招生，
　上課時間為期三週，每日午後 7 時至 10 時，請聘林茂生、林
　履信、雅堂、山本由松、杜聰明、井出季和太、林伯可、劉
　萬、笠田長繼、許章等人擔任講師，就其專長講授歐美職業

---

[8]　雅堂，〈墨子棄姓說〉，《臺灣日日新報》，1930.06.15，第 4 版。

[9]　張純甫，〈墨子非墨家之祖說〉，《臺灣日日新報》，1930.06.24，夕刊第 4
　　版。

教育、社會學、歷史、手形法等講題。其中,雅堂講授「歷史(臺灣)」。[10]

13 日,發表〈墨子非鄭人說　與和純甫氏書〉[11]。

21 日,與張純甫筆戰。張純甫發表〈儒墨相非果始於墨翟父子兄弟說　復雅堂氏書〉[12]。

8 月

14 日,擔任「臺灣文化三百年紀念會」之籌備顧問,為十位顧問中唯一臺籍者。其餘為:幣原臺北帝大總長、村上同文正學部長、西澤稅關長、栗山府技師、野口博物館長、山中府圖書館長、谷河臺日主筆、稻垣經世主筆、尾崎府囑託。[13]

14 日,臺北如水社籌辦之夏季夜間大學舉行結業式。[14]

15 日,午後 7 時,出席如水社夏季學校之閉校式。陳紹裘起述開會詞,次證書授予,校長林履信式辭,講師雅堂訓話、來賓辯護士施炳訓祝詞、講習生代表李金舜答辭。式終,攝影

---

[10] 〈如水社開設　夏季夜間大學　希望者宜速聲明〉,《臺灣新民報》,1930.07.12,第 2 版。

[11] 雅堂,〈墨子非鄭人說　與和純甫氏書〉,《臺灣日日新報》,1930.07.13,第 4 版。

[12] 張純甫,〈儒墨相非果始於墨翟父子兄弟說　復雅堂氏書〉,《臺灣日日新報》,1930.07.21,第 8 版。

[13] 〈文化三百年會顧問委囑　臺北方面の分〉,《臺灣日日新報》,1930.08.14,第 5 版。按:自 10 月 26 日起,活動 10 天。

[14] 〈如水社主催　夏季大學舉行終學式〉,《臺灣新民報》,1930.08.16,第 7 版。

紀念，於別室開同學會懇親茶話會。去年第一回夜間大學修了者亦加入，頗為盛況。[15]

9 月

27-28 日，擔任南瀛佛教會第 11 回講習之講員。

南瀛佛教會，附屬於臺灣總督府文教局，此回講習自 24 日至 10 月 7 日，會場於新莊郡下觀音山凌雲禪寺，24 日來賓有杉本文教局長、片山知事代理、辛島郡守等，10 時開會，先向佛尊敬禮誦經，次由會長杉本文教局長敘開會詞，次新島郡守等述祝詞，開宴，然後講習。24 日為杉本文教局長談「佛教之真髓」，25-26 日野口社會課長，27-28 日雅堂，29 日-10 月 4 日森賢外，5 日板上老師、神月館長、武井教學部長，6-7 日神月館長，7 日午後 2 時閉會，並授證書。[16]

◆9 日，臺南《三六九小報》發行創刊號。發行人為趙雅福，報社同人有：編輯員趙雅福、洪荒（鐵濤）、陳圖南、譚瑞貞，顧問趙鍾麒，理事兼編輯王開運、蔡培楚，理事蘇錦墩、張振樑、鄧燦琳，皆雅堂之友人或門生，故雅堂與該報關係頗深。

10 月

30 日，發表〈著書〉[17]。

---

[15] 〈夏季大學閉校〉，《臺灣日日新報》，1930.08.17，夕刊第 4 版。

[16] 〈南瀛佛教講習開於凌雲寺〉，《臺灣日日新報》，1930.10.01，夕刊第 4 版。

[17] 雅堂，〈著書〉，《詩報》第 1 期（1930.10.30），頁 2。

26 日起 10 天，總督府在臺南舉辦「臺灣文化三百年紀念會」。

《詩報》創刊，雅堂、趙雲石、傅錫祺、林幼春、謝雪漁、魏
潤菴、林獻堂、黃欣、黃爾旋等 18 名為顧問，林嵩壽、許梓
桑、吳子瑜、張玉書等 30 名為贊助員。本刊由桃園吟社周石
輝、大甲蘆吟社杜香國、宜蘭登瀛吟社盧纘祥等發起，「**經已
納本。不日便可發行云。**」[18]

11 月

1 日，午後 2 時，於公會堂演講「鄭成功時代之文化」。按：臺
灣文化三百年紀念會，陳列館自 10 月 23 日開幕，活動區分
為幾大區塊：各種展覽、運動競技、史實講演、各種催物[19]等。[20]

中旬，臺南市商工業協會擬開演講會，延聘雅堂演講「鄭成功
氏據臺後及現在故事」，預定於臺南市本町武廟為會場。已得
雅堂首肯。[21]

20-30 日，每夜 7 至 9 時，於臺南市武廟演講「臺灣三百年史」。
臺灣文化三百年紀念會後，臺南人士敦請雅堂蒞南演講，會
員三百名，會費一圓，由《三六九小報》社籌備。[22]

---

18 〈《詩報》發刊〉，《臺灣日日新報》，1930.10.31，夕刊第 4 版。
19 按：もよおしもの，娛樂。
20 〈文化三百年雇會 各種行事順序決定 自廿六日開史實講演〉，《臺灣日
日新報》，1930.10.17，第 8 版。〈人氣沸騰の文化三百年記念會 參觀者
全島より殺到見込 陳列は廿三日から開始〉，《臺灣日日新報》，
1930.10.23，第 5 版。
21 〈會事〉，《臺灣日日新報》，1930.11.11，夕刊第 4 版。

23 日，於《三六九小報》連載〈臺灣考古錄〉[23]至 12 月 26 日，
共 5 回。

12 月

5 日，臺灣史蹟名勝天然紀念物調查委員會，擔任民間委員。
另有鼓包美陸軍步兵中佐小林準、稻垣騎兵衛、尾崎秀真。[24]

---

22 〈臺灣史講演會延連氏開於臺南〉,《臺灣日日新報》，1930.11.15，夕刊第
4 版。

23 雅堂,〈臺灣考古錄　古瓶諸羅外紀〉,《三六九小報》第 23 號（1930.11.23），
頁 2。

24 〈史蹟調查委員民間五氏去二日囑託〉,《臺灣日日新報》，1930.12.05，第
4 版。

昭和六年（1931），54 歲

1 月

3 日，《三六九小報》第 35 號，將雅堂列為報社同人，與趙鍾麒同屬顧問。

3 日，於《三六九小報》連載〈臺灣語講座〉[1]至 1932 年 1 月 3 日，共 107 回。

2 月

15 日，發表〈學說　臺灣語語源の探求に就いて　臺灣語研究之徑路〉[2]。

4 月

◆10 日，撰成〈與張繼書〉，將子震東託付之：「**弟僅此子，雅不欲其永居異域，長為化外之人，是以託諸左右。**」

16 日，新竹望族李良臣（好書畫骨董）與德配陳夫人五十雙壽，在自宅演劇宴客，並自去年起向中華方面徵求書畫，陳列以供親友參觀。雅堂作七律一首，見載於報刊。[3]

---

[1] 雅堂，〈臺灣語講座〉，《三六九小報》第 35 號（1931.01.03），頁 2。雅堂，〈臺灣語講座〉，《三六九小報》第 142 號（1932.01.03），頁 3。

[2] 雅堂先生口述，〈學說　臺灣語語源の探求に就いて　臺灣語研究之徑路〉，《語苑》23 卷 1 期（1931.02.15），頁 2-4。

23 日夜，偕妻移家臺南。[4]

15 日，發表〈吳沙列傳〉[5]。

5 月

1 日，任全島聯吟大會詞宗，作品揭曉。全島聯吟大會「第一日次唱擊鉢錄」〈剪刀風〉，左連雅堂、右魏潤庵先生選[6]。

13 日，發表〈竹塹重晤謝怡弇〉(《詩集》未收)、〈新聲律啟蒙〉(《文集》未收)[7]。

16 日，發表〈藝旦考釋〉[8]、〈答黃和君〉(《文集》未收)[9]。

17 日，發表〈李良臣君五十双壽〉[10]，《詩集》未收。

23 日，發表〈春樹曲〉[11]。

29 日，發表〈媽祖婆作對〉[12]，《文集》未收。「頃閱《新民報》赤崁流彈，謂市內有人提出媽祖婆三字求人作對。……鐵濤

3　〈新竹李氏祝壽　徵求書畫甚多〉，《臺灣日日新報》，1931.04.08，第 4 版。

4　〈漢學家雅堂氏夫婦〉，《臺灣日日新報》，1931.04.25，夕刊第 4 版。

5　連雅棠，〈吳沙列傳〉，《詩報》第 10 期（1931.04.15），頁 15。

6　〈剪刀風〉，《詩報》第 11 號（1931.05.01），頁 6。

7　雅堂，〈竹塹重晤謝怡弇〉、〈新聲律啟蒙〉，《三六九小報》第 73 號（1931.05.13），頁 4。

8　連雅棠，〈藝旦考釋〉，《三六九小報》第 74 號（1931.05.16），頁 2。

9　雅堂，〈答黃和君〉：「承詢硬尻肩一語，不佞適移家歸南，致稽裁答。竊思硬尻肩三字，當作勁尻擎。《說文》：『勁強也。』臺語謂一股曰一尻。《集韻》：『擎，舉也。謂合多人之氣力以做事也。』」《三六九小報》第 74 號（1931.05.16），頁 4。

10　雅堂，〈李良臣君五十双壽〉：「弧蛻雙輝映竹城，鹿車鴻案久知名。疇開大衍花齊放。節過中春月兩明。孝友傳家推碩望。文章華國足長生。百齡伉儷稱觴日，還向高堂介兒觥。」，《臺灣日日新報》，1931.05.17，第 4 版。

11　雅堂，〈春樹曲〉，《三六九小報》第 76 號（1931.05.23），頁 4。

謂可對嬰兒子,(見戰國策)余日甚佳,以嬰兒子三字仍可折
而為六也。顧此雖遊戲筆墨,而非研究訓詁學、因明學者不
知其義。宇宙之大,豈僅一名乎哉。」

6 月

◆18 日,子震東謁張繼於南京。溥泉閱雅堂函,以為真摯沉痛,
深為感動,乃攜至東北,多加培養。

6 日,於《三六九小報》連載〈文虎待射〉[13]至 7 月 9 日,共 5
回。

19 日,發表〈明定國將軍墓記〉[14]。

7 月

6 日,發表〈題謝琯樵墨竹卷子〉[15]。

15 日,發表〈贈歌者〉[16]。

8 月

1 日,與魏清德唱和。雅堂〈寄潤庵〉[17];魏潤庵〈答雅堂〉[18]。

◆5 日,蔣渭水病卒於臺北,撰〈哭蔣渭水〉七律並序。

---

[12] 武公,〈媽祖婆作對〉,《三六九小報》第 78 期(1931.05.29),頁 2。
[13] 〈文虎待射第一回〉,《三六九小報》第 80 期(1931.06.06),頁 4。
[14] 武公,〈明定國將軍墓記〉,《三六九小報》第 84 期(1931.06.19),頁 4。
[15] 武公,〈題謝琯樵墨竹卷子〉,《三六九小報》第 89 號(1931.07.06),頁 2。
[16] 雅堂,〈贈歌者〉,《詩報》16 號(1931.07.15),頁 2。
[17] 雅堂,〈寄潤庵〉,《詩報》第 17 號(1931.08.01),頁 2。
[18] 魏潤庵,〈答雅堂〉,《詩報》第 17 號(1931.08.01),頁 2。

9 日，發表〈寄葉友石先生〉[19]。

15 日，發表〈題陸丹林紅樹室圖〉[20]。

9 月

1 日，任桐侶吟社詞宗，作品揭曉。桐侶吟社擊鉢錄〈消暑〉，左右詞宗連雅堂、黃吉六先生選[21]。

◆9 日夜，出席《三六九小報》於臺南寶美樓所開一週年祝宴。席上雅堂提議共賦柏梁體，即成〈本社一週年祝宴席上作用柏梁體〉。

9 日，發表〈考古錄　紀大肚刀〉[22]。

20 日，楊笑儂題贈〈贈潤菴雅堂二先生〉[23]。

11 月

1 日，發表〈楊君笑儂再索得男以詩索和次韻和之〉[24]，《詩集》未收。

22 日，李少菴題贈〈贈雅堂先生〉[25]。

---

[19] 雅堂，〈寄葉友石先生〉，《三六九小報》第 99 號（1931.08.09），頁 4。

[20] 連雅棠，〈題陸丹林紅樹室圖〉，《詩報》第 18 號（1931.08.15），頁 1。

[21] 〈消暑〉，《詩報》第 19 號（1931.09.01），頁 9。

[22] 雅堂，〈考古錄　紀大肚刀〉，《三六九小報》第 108 號（1931.09.09），頁 4。

[23] 笑儂楊樹德，〈贈潤菴雅堂二先生〉，《臺灣日日新報》，1931.09.20，第 8 版。

[24] 雅堂，〈楊君笑儂再索得男以詩索和次韻和之〉：「秀出天南筆一枝，臨風復寫弄璋詞。老夫欲試啼聲健，傾略盤游飯禪詩。」「九天鷟鳳集和聲，況是秋清月正明。他日桑弧酬遠志，人生價值在精誠。」《臺灣日日新報》，1931.11.01，第 8 版。

12 月

1 日，鄭姓大宗祠昭格堂徵聯〈昭格鳳頂格〉作品揭曉，詞宗雅堂先生[26]。

15 日，《詩報》載〈楊煥彩翁六十壽辰徵詩啟〉，徵求古近體詩。楊煥彩彰化人，拓園藝菊。花開時節，詩人每多蒞臨吟詠，雅堂曾與焉。此回徵詩為雅堂與久保天隨、徐杰夫、黃茂笙、黃了庵、小松吉久、羅秀惠、張純甫、林獻堂、謝汝銓、魏潤庵等 50 人發起。[27]

16 日，發表〈臺南重晤王亞南先生即以贈別〉[28]，以為王亞南將歸中國送行。

本年

◆春，自臺北返回臺南，有〈別臺北〉七律。歸南後暫居《三六九小報》社內，即臺南市白金町三丁目 96 番地，蔡培楚所營之謙芳號米店。應《臺南新報》社長之邀，主該報詩壇。

◆秋，九一八事變後，子震東受洪炎秋邀約，借寓其家。

◆完成「劍花室文集」。

◆南返後，王開運、張振樑、林錦生等輒於夜晚群集雅堂暫寓之蔡宅，聆聽其高談闊論。（據林錦生《緬懷先哲》）

---

[25] 李少菴，〈贈雅堂先生〉，《臺灣日日新報》，1931.11.22，第 8 版。

[26] 雅堂先生，〈昭格鳳頂格〉，《詩報》25 號（1931.12.01），頁 12。

[27] 〈楊煥彩翁六十壽辰徵詩啟〉，《詩報》26 期，1931.12.15，第 1 版。

[28] 雅堂，〈臺南重晤王亞南先生即以贈別〉，《三六九小報》第 137 號（1931.12.16），頁 4。

昭和七年（1932），55 歲

◆為李元曾母鄭氏明八十歲壽辰發起徵詩文書畫。

1 月

1 日，任香芸吟社週年紀念徵詩詞宗，作品揭曉。〈月鏡〉，詞宗左鄭十洲[1]、右連雅堂先生選。[2]

3 日，結束在《三六九小報》「臺灣語講座」連載，共 107 回；同一期始連載〈雅言〉[3]，至本年 12 月 6 日，共計 100 回。

2 月

17 日，發表〈過馬關〉[4]。

24 日，發表〈葵花〉[5]。

---

[1] 鄭十洲（1873-1932）：名登瀛，字十洲，號竹溪詩逸、竹溪詩隱。新竹進士鄭用錫曾孫。工詩善書，作品有《鄭十洲先生遺稿》，由其女婿羅啟源在民國五十六年（1967）排印出版，收錄詩作一百一十首，多傷感與遊興之作，民國八十一年（1992）由龍文出版社影印重刊。

[2] 〈月鏡〉，《詩報》第 27 號（1932.01.01），頁 12。

[3] 連雅堂，〈臺灣語講座〉，《三六九小報》第 142 號（1932.01.03），頁 3。連雅堂，〈雅言〉，《三六九小報》第 142 號新年增刊號（1932.01.03），頁 1。

[4] 雅棠，〈過馬關〉，《詩報》第 6 號（1931.02.17），頁 2。

[5] 雅棠，〈葵花〉，《詩報》第 30 號（1932.02.24），頁 3。

4 月

9 日，發表〈鄭氏家廟安座告文〉[6]。

9 日，為徐莘田〈基隆竹枝有序〉作跋[7]，「**右基隆竹枝詞一卷，澳門徐莘田著。莘田號東海，又號擷紅館主。……戊戌秋來臺，寓基隆。每至臺北，與玉山吟社諸人相唱和。時余居臺南，莘田介鄭君毓臣以《擷紅詞》一卷郵贈閱，今二十有六載矣。莘田去後，久無消息。毓臣亦淹逝，不勝人琴之感。此卷為余舊藏，慮其湮沒，登之《詩薈》，以廣流傳。唯詩中所言，近於鄭衛之風，固有不能諱者。至如苗媳，則臺所無，而臺北特有者。亦如揚州之養瘦馬，以為歌妓爾。廿餘年來，余承乏報，輒議革除，而臺北人士不以為意。余謂此風不廢，則人道不存，終為文明之玷，故不憚大聲疾呼，讀此詩者亦其有動於中。而敦風俗，正人心，以揚二南之雅化也歟。雅堂跋。**」

10 日，發表〈春暖〉[8]。

6 月

9 日，子震東隨張繼由北平赴西安工作。

13 日，臺灣漢學研究會徵募詩文，任文宗。共徵詩文五道，文題「孔孟異同論」，文宗雅堂；詩題「相思樹」、「古風」，詞

---

[6] 雅堂代作，〈鄭氏家廟安座告文〉，《三六九小報》第 170 號（1932.04.09），頁 2。

[7] 鏡濠徐莘田著，〈基隆竹枝有序（八）〉，《三六九小報》第 170 號（1932.04.09），頁 4。

[8] 雅堂，〈春暖〉，《臺南新報》，1932.04.10，第 8 版。

宗魏潤庵;「消夏」七絕不限韻,詞宗洪鐵濤;「鄭成功、木瓜」分詠格,詞宗鄭坤五;對聯「觀音山上觀音」,詞宗許梓桑。發榜於會報《南亞》,交卷至基隆市福德町一之一一三南雅文藝雜誌社李春霖。[9]

7 月

16 日,發表〈月下香〉[10]。

8 月

29 日,發表〈復黃清淵君〉[11]。

9 月

1 日,發表〈東遊雜詩〉[12]。

◆9 日,為徐壽攝影編印之《全臺寺院齋堂名跡寶鑑》作序。

12 月

1 日,臺南聯吟會擊鉢錄〈晚釣〉,左右詞宗王則修、王大俊先生選,獲右十四左二十[13]。

9　〈翰墨因緣〉,《臺灣日日新報》,1932.06.13,第 4 版。
10　雅堂,〈月下香〉,《三六九小報》第 199 號(1932.07.16)。
11　雅堂,〈復黃清淵君〉,《三六九小報》第 212 號(1932.08.29),頁 4。
12　連雅棠,〈東遊雜詩〉,《詩報》第 42 號(1932.09.01),頁 3。
13　右十四左二十　雅堂,〈晚釣〉,《詩報》第 48 期(1932.12.01),頁 7。

6 日，從本年初於《三六九小報》連載之〈雅言〉完結，共 100
　　回。「拙著雅言，至今已達百號，暫為停止。他日當與未刊者
　　合印單本，以就正方家也。」[14]

15 日，臺南聯吟會擊鉢錄〈荔枝冰〉，左右詞宗陳文石、鮑梁
　　臣先生選，獲左十八[15]。

---

[14] 連雅堂，〈雅言（一〇〇）〉，《三六九小報》241 號（1932.12.06），頁 4。
[15] 左十八　雅堂，〈荔枝冰〉，《詩報》第 49 期（1932.12.15），頁 6。

昭和八年（1933），56 歲

1 月

10 日，發表〈次韻和茂笙病中之作〉[1]。

◆李元曾母鄭氏八十歲壽辰，雅堂賦七律為祝。

2 月

9 日，發表〈奎社紀元即事〉[2]。

5 月

18 日，抵臺北，寓居大稻埕醫生葉鍊金宅。[3]雅堂寓北時與葉鍊金交情最篤。鍊金每得奇茗，輒就雅堂煎喫，據榻清談，夜闌始去。[4]

21 日，午後 2 時，出席瀛社舉辦於江山樓舉的月例會，並擔任詞宗。[5]

26 日，瀛社擊缽錄〈諸葛渡瀘七絕四支〉，左雅堂、右雪漁選，獲右一、右三。[6]

1　雅堂，〈次韻和茂笙病中之作〉，《臺灣日日新報》，1933.01.10，第 8 版。
2　雅堂，〈奎社紀元即事〉，《臺南新報》，1933.02.09，第 8 版。
3　〈臺南雅堂氏來北〉，《臺灣日日新報》，1933.05.18，夕刊第 4 版。葉鍊金（1873-1937），字友石，人稱鍊仙，家號恆升堂，為瀛社詩人。
4　《劍花室集外集》之二〈茶〉二十二首中有一首詠其事。
5　〈瀛社例會〉，《臺灣日日新報》，1933.05.23，夕刊第 4 版。

◆以子震東已在中國服務，長女夏甸亦在上海，三女秋漢亦已畢業淡水高等女學校，決攜眷內渡，遂其終老祖國之志。於是，離臺南，參與瀛社活動後，遂赴南京，轉上海定居。

7 月

16 日，高士穆題贈〈送連劍花丈移家西湖〉[7]。

8 月

7 日，廖寒松題贈〈晤連劍花先生〉[8]。

15 日，發表〈壬申敕題集序〉[9]，「鄉友莊君玉坡，……曩者曾以壬申敕題徵求吟咏，得詩三百五十首，擇其尤者刊一集，以垂久遠，可謂好之而篤矣。顧念玉坡身居闤闠之中，而嗜風雅之作。持此一編，以交海內同好之士，必有讀之而喜者。然則玉坡，不特為商界之俊，而又騷壇之秀也。余與玉坡別數年矣，因其來書而為之序。癸酉春日　臺南連雅堂」

9 月

1 日，發表〈漁笛〉[10]。

6　瀛社擊缽錄　左雅棠右雪漁選，右一　雅堂、右三　雅堂，〈諸葛渡瀘七絕四支〉，《臺灣日日新報》，1933.05.26，12 版。

7　滎藩高士穆，〈送連劍花丈移家西湖〉，《臺灣日日新報》，1933.07.16，第 8 版。

8　廖寒松，〈晤連劍花先生〉，《臺灣日日新報》，1933.08.07，第 8 版。

9　臺南連雅堂，〈壬申敕題集序〉，《詩報》第 65 期（1933.08.15），頁 5。

10　臺南連雅棠，〈漁笛〉，《詩報》第 66 期（1933.09.01），頁 3。

5 日，長女夏甸，生林文月（長女）。

15 日，發表〈賣餅〉[11]。

10 月

4 日，胡南溟病卒於臺南，報紙多有詩輓之。

「臺灣語典」編至第四卷。

---

[11] 雅堂作，〈賣餅〉，《詩報》第 67 期（1933.09.15），頁 3。

昭和九年（1934），57 歲

5 月

26 日，發表〈壬申敕題集序〉[1]（重刊）。

7 月

1 日，發表〈青春作伴碎錦格〉[2]。

◆14 日，震東與瀋陽趙蘭坤在北平結婚。二人結識於洪炎秋北京寓所，時震東隨張繼復北京，蘭坤為炎秋夫人之同鄉同學，畢業於燕京大學。後震東赴西安工作，二人魚雁往來，終徵得雙方家長同意，結婚。

---

[1] 臺南連雅堂，〈壬申敕題集序〉，《三六九小報》第 344 號（1934.05.26），頁 4。

[2] 臺南連雅堂，〈青春作伴碎錦格〉，《詩報》第 84 期（1934.07.01），頁 9。

昭和十年（1935），58 歲

◆三女秋漢與黃振結婚。

◆與妻沈璈遊關中。

昭和十一年（1936），59 歲

8 月

開春後，罹肝癌，歷經上海中、西名醫診治，迄未好轉。六月
二十八日[1]（國曆 8 月 14 日）午前 8 時壽終，享年 59 歲。29
日午後 6 時，震東奉雅堂遺命，遵佛教式典，將遺體謹付荼
毗。七月十二日（國曆 8 月 28 日），遺骨權寄上海東本願寺。
震東並去信《臺灣日日新報》告知此事。[2]

9 月

6 日，下午 3 時，南社社友於臺南花園町東本院寺為雅堂開追悼會。
出席者接洽窗口為韓浩川（清水町一丁目）、王銘新（老松町一
丁目）、林海樓（本町文輝閣）。該會由僧侶誦經後，南社社長
黃欣讀弔詞、謝星樓披讀各地弔電，會後並攝影紀念，拈香散
會。[3]

◆後記：民國卅五年（1946）2 月，雅堂之孫連戰偕母趙蘭坤
赴上海，將權寄東本願寺之雅堂遺骨，奉迎還鄉，存於臺北
觀音山外岩凌雲寺。

---

[1]　據《年譜》，應為農曆，可證諸《臺灣日日新報》報導。
[2]　〈本島漢學家連雅棠氏之沒於上海〉，《臺灣日日新報》，1936.08.22，夕刊
　　第 4 版。
[3]　〈追悼雅堂氏〉，《臺灣日日新報》，1936.09.02，第 8 版。〈開追悼會〉，《臺
　　灣日日新報》，1936.09.09，夕刊第 4 版。

附錄

報刊連載篇目補遺

雅堂，〈婆娑洋聞見錄〉，《漢文臺灣日日新報》

篇名	日期	版次	備註
婆娑洋聞見錄	1911.01.01	第 1 版	（一）
婆娑洋聞見錄	1911.01.05	第 1 版	（二）
婆娑洋聞見錄（三）	1911.01.26	第 1 版	
婆娑洋聞見錄（四）	1911.01.27	第 1 版	
婆娑洋聞見錄（五）	1911.02.26	第 1 版	
婆娑洋聞見錄（六）	1911.02.28	第 1 版	
婆娑洋聞見錄（七）	1911.03.06	第 1 版	
婆娑洋聞見錄（七）	1911.03.08	第 1 版	應作（八）
婆娑洋聞見錄（九）	1911.03.09	第 1 版	
婆娑洋聞見錄（一〇）	1911.03.13	第 1 版	
婆娑洋聞見錄（一一）	1911.03.16	第 1 版	
婆娑洋聞見錄（一二）	1911.03.20	第 1 版	
婆娑洋聞見錄（一三）	1911.03.27	第 1 版	
婆娑洋聞見錄（十四）	1911.04.23	第 1 版	
婆娑洋聞見錄（十五）	1911.04.24	第 1 版	
婆娑洋聞見錄（一六）	1911.04.27	第 1 版	
婆娑洋聞見錄（一六）	1911.05.30	第 1 版	應作（一七）
婆娑洋聞見錄（十九）	1911.06.19	第 1 版	應作（一八）
婆娑洋聞見錄（一八）	1911.07.07	第 1 版	應作（一九）
婆娑洋聞見錄（十九）	1911.10.09	第 1 版	應作（二〇）

婆娑洋聞見錄（二〇）	1912.03.25	第 4 版	應作（二一）
婆娑洋聞見錄（二一）	1912.03.29	第 5 版	應作（二二）

雅堂，〈志乘　埔里社沿革志〉，《漢文臺灣日日新報》

志乘　埔里社沿革志（一）	1910.12.21	第 1 版
志乘　埔里社沿革志（二）	1910.12.22	第 1 版
志乘　埔里社沿革志（三）	1910.12.23	第 1 版
志乘　埔里社沿革志（四）	1910.12.25	第 1 版
志乘　埔里社沿革志（五）	1910.12.27	第 1 版
志乘　埔里社沿革志（六）	1910.12.30	第 1 版
志乘　埔里社沿革志（七）	1911.01.03	第 1 版
志乘　埔里社沿革志（八）	1911.01.07	第 1 版
志乘　埔里社沿革志（九）	1911.01.09	第 1 版

棠，〈瑞軒詩話〉，《漢文臺灣日日新報》

瑞軒詩話（一）	1910.12.26	第 1 版
瑞軒詩話（二）	1910.12.28	第 1 版
瑞軒詩話（三）	1911.01.11	第 1 版
瑞軒詩話（四）	1911.01.12	第 1 版
瑞軒詩話（五）	1911.01.13	第 1 版
瑞軒詩話（六）	1911.01.18	第 1 版
瑞軒詩話（七）	1911.01.23	第 1 版
瑞軒詩話（九）	1911.02.05	第 1 版
瑞軒詩話（一〇）	1911.02.17	第 1 版

瑞軒詩話（一一）	1911.03.05	第 1 版
瑞軒詩話（一二）	1911.03.15	第 1 版
瑞軒詩話（一三）	1911.03.20	第 1 版

編按：缺（八）

雅堂，〈史傳　臺東拓殖列傳〉，《漢文臺灣日日新報》

史傳　臺東拓殖列傳（上）	1911.01.14	第 1 版
史傳　臺東拓殖列傳（下之上）	1911.01.15	第 1 版
史傳　臺東拓殖列傳（下之下）	1911.01.16	第 1 版

劍花，〈臺中之今昔〉，《漢文臺灣日日新報》

臺中之今昔（一）	1911.03.16	第 1 版
臺中之今昔（二）	1911.03.17	第 1 版
臺中之今昔（三）	1911.03.24	第 1 版
臺中之今昔（四）	1911.03.26	第 1 版

雅堂，〈臺灣貨幣志〉，《漢文臺灣日日新報》

臺灣貨幣志（上）	1911.03.21	第 1 版
臺灣貨幣志（中）	1911.03.22	第 1 版
臺灣貨幣志（下之一）	1911.04.09	第 1 版

按：據〈（下之一）〉文末「是則臺灣銀行發行金銀票之始末也。」本篇實已
　　完結，題目「下之一」應誤。

雅堂，〈吳沙傳〉，《漢文臺灣日日新報》

吳沙傳	1911.08.10	第 1 版
吳沙傳（續）	1911.08.11	第 1 版
吳沙傳（再續）	1911.08.12	第 1 版

雅堂，〈臺南名勝志〉，《漢文臺灣日日新報》。

臺南名勝志（一）	1911.02.07	第 1 版
臺南名勝志（二）	1911.02.08	第 1 版
臺南名勝志（三）	1911.02.09	第 1 版
臺南名勝志（四）	1911.02.10	第 1 版
臺南名勝志（五）	1911.02.13	第 1 版
臺南名勝志（六）	1911.02.14	第 1 版
臺南名勝志（七）	1911.02.15	第 1 版
臺南名勝志（八）	1911.02.16	第 1 版
臺南名勝志（九）	1911.02.18	第 1 版
臺南名勝志（十）	1911.02.19	第 1 版

劍花，〈顏鄭列傳〉，《漢文臺灣日日新報》

〈顏鄭列傳（上）〉	1911.02.22	第 1 版
〈顏鄭列傳（下）〉	1911.02.25	第 1 版

連雅堂，〈臺灣通史　開闢紀〉，《臺灣日日新報》

臺灣通史　開闢紀（一）	1920.04.14	第 6 版
臺灣通史　開闢志（二）	1920.04.16	第 6 版
臺灣通史　開闢志（三）	1920.04.21	第 6 版
臺灣通史　開闢志（四）	1920.04.27	第 5 版
臺灣通史　開闢志（五）	1920.04.30	第 6 版
臺灣通史　開闢志（六）	1920.05.01	第 6 版
臺灣通史　開闢志（七）	1920.05.02	第 6 版
臺灣通史　開闢志（八）	1920.05.03	第 4 版
臺灣通史　開闢志（九）	1920.05.05	第 6 版
臺灣通史　開闢志（一○）	1920.05.06	第 6 版
臺灣通史　開闢記（一一）	1920.05.07	第 6 版
臺灣通史　開闢記（一二）	1920.05.08	第 6 版
臺灣通史　開闢記（一三）	1920.05.09	第 6 版
臺灣通史　開闢記（一四）	1920.05.10	第 4 版

劍花室主，〈鯤峰游記〉，《漢文臺灣日日新報》

〈鯤峰游記〉	1911.01.30	第 1 版
〈鯤峰遊記（續）〉	1911.02.01	第 1 版

參考文獻

林文月，《青山青史——連雅堂傳》（臺北：有鹿文化公司，
　　　2010）。

連橫，《雅堂文集》（南投：臺灣省文獻委員會編印，1964）。

連橫，《臺灣通史》（臺北：臺灣銀行經濟研究室，1962）。

連橫，《臺灣詩薈》上、下（南投：臺灣省文獻會，1992）。

連橫，《劍花室詩集》（臺北：臺灣銀行經濟研究室，1960）。

連橫著，鄭喜夫輯，《雅堂先生集外集》（南投：臺灣省文獻會，
　　　1992）。

連橫著，鄭喜夫輯，《雅堂先生餘集》（南投：臺灣省文獻會，
　　　1992）。

鄭喜夫編撰，《連雅堂先生年譜》（南投：臺灣省文獻會，1992）。

《臺灣日日新報》資料庫（臺北：大鐸資訊股份有限公司，
　　　2005）。

《臺灣日日新報》資料庫（臺北：漢珍數位圖書公司，2011）。

《三六九小報》（臺北：成文出版社，1977複印本）。

《臺灣時報》資料庫（臺北：漢珍數位圖書公司，2011）。

《臺灣文藝叢誌》資料庫，
　　　http://lgaap.yuntech.edu.tw/literaturetaiwan/wenyi/main.
　　　html。

秦賢次，〈劉吶鷗日記中的舊雨新知〉，收入康來新、許秦蓁合
　　　編《劉吶鷗全集・日記集下》（臺南：臺南縣文化局，
　　　2001）。

陳昀秀,〈固園到青田街:黃天橫夫婦訪談小記(上)〉,
　　　https://tmantu.wordpress.com/2010/06/18/%E5%9B%BA
　　　%E5%9C%92%E5%88%B0%E9%9D%92%E7%94%B0
　　　%E8%A1%97%EF%BC%9A%E9%BB%83%E5%A4%
　　　A9%E6%A9%AB%E5%A4%AB%E5%A9%A6%E8%A
　　　8%AA%E8%AB%87%E5%B0%8F%E8%A8%98%EF%
　　　BC%88%E4%B8%8A%EF%BC%89/。
黃美玲,《連雅堂文學研究》(臺北:文津出版社,2000)。
黃敦涵,《翁俊明烈士編年傳記》(臺北:正中書局)。
鄭喜夫,〈劫餘集詩鈔暨詞鈔著者慕秦連橫非臺南雅堂〉,《臺灣
　　　文獻》別冊 43(2012.12)。
嚴泉,《現代中國的首次民主轉型:民國初年的憲政試驗》(臺
　　　北:秀威資訊科技公司,2009)。

Contents

Lien Heng (1878-1936), courtesy name Yatang, pseudonym Chien-Hua, was a Taiwanese poet, linguist, historian, critic, and advocate of Chinese Studies. His early life was dedicated to education; his midlife years were spent traveling across China and creating monumental works. Lien had an exceptionally active life, leaving behind him a large amount of travel records, correspondence, lectures, and articles published in newspapers, magazines and books. This book is built upon Cheng Hsi-fu's *A Chronicle of Yatang*, Huang Mei-ling's *A Study of Yatang's Literary Writings*, Lin Wen-yueh's *Mountains and History: A Biography of Lien Yatang*, and various other journal articles. It aims to reveal Yatang's story and aid people who are studying him by providing important background information concerning his life and work.

國家圖書館出版品預行編目資料

連橫年表新編

江寶釵編纂.- 初版.- 臺北市：臺灣學生，2020.06
　面；公分
ISBN 978-957-15-1819-0 (平裝)
1. 連橫　2. 年表
783.3982　　　　　　　　　　108015581

連橫年表新編

編　　　　纂	江　寶　釵
責 任 編 輯	梁鈞筌、謝崇耀、黃清順
校　　　　對	李知灝、黃千珊
美 術 設 計	徐上婷、蔡慈凌
編 輯 排 版	南曦文創股份有限公司
出　版　者	臺灣學生書局有限公司
發　行　人	楊雲龍
發　行　所	臺灣學生書局有限公司
地　　　　址	臺北市和平東路一段 75 巷 11 號
劃 撥 帳 號	00024668
電　　　　話	(02)23928185
傳　　　　真	(02)23928105
E - m a i l	student.book@msa.hinet.net
網　　　　址	www.studentbook.com.tw
登 記 證 字 號	行政院新聞局局版北市業字第玖捌壹號
定　　　　價	新臺幣三〇〇元
出 版 日 期	二〇二〇年六月初版
I S B N	978-957-15-1819-0

86324　　　　有著作權‧侵害必究